T0193312

Wettbewerb!

Hubertus Bardt

Wettbewerb!

Ein Plädoyer für die wettbewerbliche Marktwirtschaft

 Springer

Hubertus Bardt
Institut der deutschen Wirtschaft
Köln, Deutschland

ISBN 978-3-658-39730-2   ISBN 978-3-658-39731-9 (eBook)
https://doi.org/10.1007/978-3-658-39731-9

Die Deutsche Nationalbibliothek verzeichnet diese Publikation in der Deutschen
Nationalbibliografie; detaillierte bibliografische Daten sind im Internet über http://
dnb.d-nb.de abrufbar.

Springer

Planung/Lektorat: Isabella Hanser
Springer ist ein Imprint der eingetragenen Gesellschaft Springer Fachmedien Wies-
baden GmbH und ist ein Teil von Springer Nature.
Die Anschrift der Gesellschaft ist: Abraham-Lincoln-Str. 46, 65189 Wiesbaden,
Germany

Inhaltsverzeichnis

1

Wettbewerb hat Gegner

Wettbewerb und neuer Liberalismus

Warum ein Buch über Wettbewerb? Was soll überhaupt Wettbewerb? Wettbewerb ist alltäglich, meistens nützlich, manchmal interessant und oft – lästig. Wir alle kennen das Prinzip spätestens seit dem Sportunterricht in der Schule. Schnell laufen, hoch springen, weit werfen – klare Regeln, messbare Ergebnisse und die besten bekommen Ehren- oder Siegerurkunden. Die einen freuen sich und bringen stolz ihre Urkunden nach Hause. Für sie ist Wettbewerb rundum positiv besetzt. Die anderen sind eher enttäuscht, vielleicht frustriert und können dem Wettbewerbsprinzip nicht viel Gutes abgewinnen. Auch im realen Leben ist Wettbewerb mit Freude und Leid verbunden. Erfolgreiche Unternehmen erwirtschaften Einkommen für Ihre Anteilseigner und Kreditgeber, aber auch für Beschäftigte, Lieferanten und die regionale Wirtschaft. Der Erfolg von Biontech im Wettlauf um einen Corona-Impfstoff zeigt, wie besondere Leistungen und Innovationen belohnt

© Der/die Autor(en), exklusiv lizenziert an Springer Fachmedien Wiesbaden GmbH, ein Teil von Springer Nature 2023
H. Bardt, *Wettbewerb!*, https://doi.org/10.1007/978-3-658-39731-9_1

werden können. Aber neben den Erfolgsgeschichten gibt es
auch Härten: Insolvente Firmen, geschlossene Standorte, ver-
lorene Jobperspektiven. Und es gibt Probleme: Vom Klimaschutz bis zu sozialen Missständen. All das verschwindet nicht
von alleine oder durch staatliche Anordnung. Wettbewerb ist
Teil oder Kern der Lösung.

Gewinner und Verlierer, objektive Schiedsrichter und ein-
deutige Regeln. So sieht geplanter und organisierter Wettbewerb im Sport aus. Der weniger vorab planbare und damit
kreativere wirtschaftliche Wettbewerb, bei dem es nicht nur
um größtmögliche Leistung innerhalb gegebener Regeln, sondern vor allem auch um Anpassungsfähigkeit und Innovationskraft geht, ist aber anders. Auch hier gibt es Anstrengungen
und Härten. Auch hier gibt es Gewinner und Verlierer – zumindest relative Verlierer. Aber eine wettbewerbliche Marktwirtschaft ist kein Nullsummenspiel. Bei der Fußball-WM
geht in den Play-Offs nach jedem Spiel ein Gewinner- und ein
Verliererteam vom Platz. Das Spiel, das die einen gewinnen,
verlieren die anderen. Es kann nur einen geben, der am Ende
den Pokal in die Höhe hält. Im wirtschaftlichen Wettbewerb
der Ideen geht es nicht um starre Regeln, sondern um besseren
Ressourceneinsatz, bessere Befriedigung der Kundenbedürfnisse, neue Produkte und Märkte mit neuen Geschäftsmodellen und neuen Regeln. Am Ende soll hier nicht nur ein Gewinner stehen. Es gibt auch gar kein Ende, sondern immer
weitergehende Anstrengungen auf der Suche nach besseren
Lösungen. Es geht um, wie es Ludwig Erhard formuliert hat,
„Wohlstand für Alle".

Dieses Buch soll ein Plädoyer sein für eine wettbewerbliche Marktwirtschaft. Sie sorgt nicht nur für Effizienz und
Wohlstand, sondern ist auch eine Ordnung der Freiheit.
Eine Wettbewerbsordnung entsteht nicht spontan, sondern
erfordert Regeln, Schutz und staatliches Handeln. Sie hat
nichts mit dem Zerrbild des Neoliberalismus zu tun, das in
Unkenntnis oder bewusster Missachtung der historischen

Konzeption als Kampfbegriff der Kapitalismuskritik verwendet wird. Der neue Liberalismus war eine Antwort auf die Fehler des klassischen Liberalismus während der Industrialisierung, die fehlende staatliche Sicherung des Wettbewerbs in der Kaiserzeit und ein Neuanfang im Angesicht der kollektiven Diktaturen des 20. Jahrhunderts. Wettbewerb bedeutet nicht Laisser-Faire, nicht das Recht des Stärkeren und auch nicht libertäre Staatsfeindlichkeit. Ein Plädoyer für Wettbewerb vielmehr ein Ruf danach, diese unvergleichliche Wohlstands- und Innovationsmaschine zu nutzen und zu gestalten. Sie ist unverzichtbar für Fortschritt in einer Welt, die trotz aller eindrucksvollen Verbesserungen immer wieder von Knappheiten und ungelösten Problemen gekennzeichnet ist. Ohne Wettbewerb in einer wohl verstandenen Ordnung fehlt eine entscheidende Kraft des Fortschritts.

Der Wettbewerb und damit verbundene marktwirtschaftliche Politikansätze müssen immer wieder neu rechtfertigt werden. Grundlegende Kapitalismuskritik ist weit verbreitet – sowohl in Bezug auf konkrete Fragen der Politikgestaltung als auch in grundlegenden Fragen der Wirtschafts- und Gesellschaftsordnung. Auch wenn die Soziale Marktwirtschaft eine große Zustimmung in Deutschland erfährt und Grundlage für das hohe Wohlstandsniveau ist, werden wirtschaftspolitische Ansätze, die Marktkoordination und Wettbewerb in den Mittelpunkt stellen, geradezu reflexartig als „neoliberal" gebrandmarkt. Dabei wird der Eindruck vermittelt „neoliberal" sei eine Politik, die Märkten immer und überall Vorrang vor staatlichem Handeln einräumt, die minimale und im Zweifel dysfunktionale staatliche Strukturen präferiert, einzig zum Nutzen von vermögenden Unternehmern oder Spitzenverdienern der Finanzbranche wirkt und von Sozial- und Umweltstandards nichts wissen will. Die Einordung ist jedoch grundfalsch.

Ein zentraler Startpunkt der Suche nach einem neuen Liberalismus als Leitbild einer freiheitlichen Wirtschafts- und Gesellschaftsordnung war das Colloque Walter Lippmann im Jahr 1938. Die krisenhaften Entwicklungen der Zwischenkriegszeit sowie die totalitären Erfahrungen des Faschismus und des Kommunismus sowie die Schwächen klassisch liberaler Konzeptionen verlangten nach neuen Antworten. Wirtschaftskrisen, Massenarbeitslosigkeit und die Schwäche der Demokratien erforderten neue Antworten, um Freiheitsrechte bewahren zu können. Die Diktaturerfahrungen aus Deutschland und der Sowjetunion waren reale Bedrohungen für gesellschaftliche Liberalität und wirtschaftliche Autonomie dezentraler Entscheider. Es ging um nicht mehr als die Verteidigung individueller Freiheit, die eine Neuerfindung des Liberalismus erforderte. Gleichzeitig wurde der traditionelle Liberalismus als erneuerungsbedürftig angesehen. Er wurde mitverantwortlich gemacht für die schweren Wirtschaftskrisen, soziale Verwertungen und Vermachtungstendenzen. Dies wird beispielshaft an folgender Überlegung deutlich: Wenn Vertragsfreiheit absolut gesetzt wird, sind auch Verträge zulasten Dritter möglich. Dies gilt dann auch für Kartelle, mit denen der Wettbewerb zu Lasten der Kunden eingeschränkt wird. 1897 urteilte das Reichsgericht als oberstes Gericht im Kaiserreich, dass Kartellverträge nicht nur zulässig, sondern auch gerichtlich einklagbar sind. Die daraus resultierende Kartellbildung und Machtausweitung wurde von den Neoliberalen als Beschränkung von Freiheit angesehen, die es zu verhindern gilt. Falsch verstandene Vertragsfreiheit kann freiheitsbeschränkende Wirkung haben. Dies ist einer der wegweisenden Unterschiede zwischen dem klassischen Liberalismus und den neoliberalen Überlegungen. Der neue Liberalismus propagierte nicht einen Minimalstaat und unbeschränkte Handlungsfreiheit, sondern klare Beschränkungen zur Freiheitssicherung. Ein funktionsfähiger Staat solle den Wettbewerb sichern, den notwendigen sozialen Ausgleich bereitstellen und dort eingreifen, wo dezentrale Marktprozesse nicht funktionieren. Dem Staat wurde die Aufgabe zugeschrieben, den notwendigen Ordnungsrahmen (daher auch der Begriff des Ordo-Liberalismus in Deutschland) festzulegen und durchzusetzen, nicht aber in die alltäglichen Prozesse einzugreifen.

Spätere Strömungen, vor allem in den USA, haben eine strikte Deregulierung deutlicher in den Vordergrund gestellt. Die neoliberale Konzeption hat jedoch in ihrer deutschen Ausprägung nichts zu tun mit den Zerrbildern, die von Kapitalismuskritikern gezeichnet werden. Weder sieht sie das Recht des Stärkeren vor, noch ignoriert sie Probleme von Machtkonzentration, Ungleichheit oder Armut. Sie misst Preisniveaustabilität eine hohe Bedeutung zu, nicht zuletzt, weil hohe Inflationsraten die Spareinlagen der weniger wohlhabenden Bevölkerungsteile angreifen. Sie sieht freie Preise und Wettbewerb als besten Weg für effiziente und ressourcensparende Ergebnisse und als Instrument der Machteindämmung. Sie weist dem Staat klare Aufgaben zu, beispielsweise wenn es um Verteilungsziele oder um externe Effekte geht – ist also keineswegs blind für die umweltpolitischen Herausforderungen. Und sie sieht die Zusammenhänge zwischen einer freiheitlichen Wirtschafts- und Gesellschaftsordnung. Neo- oder ordoliberale Überlegungen sind nicht nur auf die Gestaltung der Wirtschaft gerichtet, sondern waren Grundlage des Neubeginns in einem freiheitlichen und rechtstaatlichen Deutschland nach der Katastrophe der nationalsozialistischen Diktatur.

Proteste gegen globalen Wettbewerb

Besonders auffallend war die Ablehnung von Markt und Wettbewerb in den Globalisierungsbewegungen, die vielfach antikapitalistische Züge angenommen hat. Warum ist Protest gegen die Globalisierung zugleich ein Kampf gegen Wettbewerb? Weil Globalisierung im Kern eine Intensivierung des internationalen Wettbewerbs und eine Ausweitung der internationalen Arbeitsteilung darstellt. Die Integration der ehemaligen Planwirtschaften in die internationalen Märkte, die Senkung von Zöllen und anderen Handelshemmnissen sowie die geringeren Kommunikationskosten haben seit den neunziger Jahren zu einem Mehr an Austausch und Handel zwischen Firmen in unterschiedlichen Ländern geführt. China hat seine Märkte geöffnet und damit ganz neue Produktions- und Absatzmöglichkeiten geschaffen. Auch die anderen BRICS-Staaten (neben China, Brasilien, Russland, Indien und Südafrika) erlebten Aufschwungjahre. Unternehmen haben international investiert und die besonderen Chancen, die sich in den unterschiedlichen Ländern ergeben haben, für eine Neuaufstellung der Produktionsprozesse genutzt. Die Entwicklung innerhalb der EU war eine Globalisierung im Kleinen – und zwar eine besonders intensive. Mit der Vollendung des Binnenmarktes wurden Handelshemmnisse abgebaut, für alle Unternehmen gelten die gleichen Regeln. Die Länder Mittel- und Osteuropas wurde Teil dieses Wirtschaftsraums. Durch die neuen Möglichkeiten konnte die industrielle Produktion neu aufgebaut werden. Davon profitieren sowohl die aufholenden als auch die etablierten Länder: In Mittel- und Osteuropa entstanden wettbewerbsfähige Arbeitsplätze und gute Einkommen, die Unternehmen der etablierten Länder konnten ihre Wettbewerbsfähigkeit verbessern. Damit wurden auf der einen Seite Unternehmen und Beschäftigung auch in den teureren Standorten gestärkt, auf der anderen Seite profitierten Kunden im In- und Ausland von günstigeren Preisen. Ähnlich wirkt die Intensivierung des Wettbewerbs auch im internationalen Vergleich. Natürlich gibt es durch die Globalisierung nicht nur Gewinner. Natürlich gibt es Arbeitsplätze und Produktionsstrukturen, die durch den zusätzlichen Wettbewerb nicht am alten Standort gehalten werden konnten. Wenn sich dies in bestimmten Regionen oder bei bestimmten Branchen und Qualifikationen konzentrierte, konnten die Verluste auch nicht immer durch Zuwächse an gleicher Stelle ersetzt werden. Neuqualifikation, Ansiedlung von Unternehmen und sozialer Ausgleich waren und sind dann notwendige Aufgaben des Staates – die in dem einen Land besser, in dem anderen schlechter erfüllt wurde. Die auf der neoliberalen oder ordo-liberalen Tradition aufbauenden Sozialen Marktwirtschaft hat den Strukturwandel unter dem Strich gut bewältigt.

Bei den Protesten gegen Globalisierung und Handelsliberalisierung ging es aber nicht um die Frage, wie der Strukturwandel besser bewältigt werden kann, der von dem Zusammenwachsen der Welt und der damit verbundenen Steigerung des Wettbewerbs forciert wird. Bereits die Proteste gegen die WTO-Verhandlungen Ende der neunziger Jahre waren von grundlegender Ablehnung der internationalen Handelsbeziehungen geprägt. Großkonzerne, die weltweite Wertschöpfungsketten symbolisieren, sind beliebte Projektionsflächen. Große Marken sind bekannt und zugleich vermeintlich verletzliche Angriffsziele. Da die breite Öffentlichkeit die zahlreichen Zulieferer nicht kennen kann, die zur Produktion von Konsumgütern notwendig sind, stehen die Konzernmarken am Pranger. Sie sind das Gesicht zum Kunden – sowohl im Geschäft mit Produkten für die Allgemeinheit als auch bei der politischen Auseinandersetzung.

Während aber die großen Konzerne primär als Symbol oder Ziel medialer Kritik bis hin zu Boykottkampagnen ausgewählt werden, sind die globalen politischen Institutionen, die die weltweite Zusammenarbeit in wirtschaftlichen Fragen ermöglichen und gemeinsame Politiken entwickeln oder konkrete Regeln setzten sollen, Ziel massiver politischer Proteste. Dazu gehören die Weltbank und der Internationale Währungsfonds, die Welthandelsorganisation sowie die Treffen der Staatschefs der größten Volkswirtschaften (G8 bzw. G7 und G20).

Die Ausschreitungen in Seattle 1999 anlässlich der geplanten Verhandlungen im Rahmen der Welthandelsorganisationen waren ein erster und gewalttätiger Höhepunkt der Proteste gegen die Globalisierung. Immer wieder kam es zu gewalttätigen Auseinandersetzungen, so auch in Genua beim G8-Gipfel 2001. Seit dieser Zeit werden große, politische Zusammenkünfte wie G8 oder G20-Gipfel von massiven antikapitalistischen Protesten begleitet. Letzter „Höhepunkt" in Deutschland war der G20-Gipfel von 2017 in Hamburg. Der Antiglobalisierungs-Protest kritisiert, wenn man die grundsätzlich antikapitalistischen Strömungen einmal beiseite nimmt, die internationale Arbeitsteilung, den ungestörten Austausch zwischen den Volkswirtschaften, fehlende Regulierungen und die Arbeits- und Umweltbedingungen in weniger fortschrittlichen und weniger wohlhabenden Weltregionen. Die unterschiedliche gesellschaftliche und wirtschaftliche Situation unterschiedlicher Länder führt zu spezifischen Vorteilen, die in international vernetzten Wertschöpfungsketten kombiniert werden. In ärmeren und technologisch weniger entwickelten Länder liegt der Vorteil in niedrigeren Löhnen. Damit werden Nachteile in Infrastruktur, Rechtsicherheit oder Qualifikation ausgeglichen. Im Ergebnis zahlen Unternehmen aus wohlhabenden Industrieländern für Importe aus Schwellenländern weniger, als für eine eigene inländische Produktion notwendig wäre. Auch sind Umwelt- und Sozialstandards typischerweise in Schwellen- und Entwicklungsländern niedriger als in den USA oder der Europäischen Union. Diese Unterschiede werden geringer, wenn der Wohlstand auch in den Ländern steigt, die bisher auf niedrige Kosten setzen mussten. Eine rechtstaatliche politische Führung, Qualifikation der Bevölkerung und Innovationspotenziale sind jedoch notwendig, um im Wettbewerb der Standorte bestehen zu können und dennoch weniger auf Kostenvorteile angewiesen zu sein. Die niedrigen Löhne und die für westliche Augen schlechte Arbeits- und Sozialbedingungen sind ein Angriffspunkt der Anti-globalisierungs-Bewegung. Oberflächlich betrachtet, wirkt es ja auch wie Ausbeutung: Die Menschen in den reichen Ländern profitieren von den niedrigen Löhnen der Schwellenländer. Der ärmere Teil der Weltbevölkerung muss für den reicheren Teil unter unzumutbaren Bedingungen schuften. Muss sich kein Protest gegen einen internationalen Wettbewerb regen, der solch ein Ergebnis hervorruft? Ein Ende des internationalen Wettbewerbs und der internationalen Arbeitsteilung, mit der solche Kooperationen verhindert werden sollten, würde die Chancen der nachholenden Länder verringern, den Wohlstand der Menschen und die Arbeits-, Sozial- und Umweltstandards schrittweise zu erhöhen. Aber diese Entwicklung braucht Zeit. Widerstand gegen Globalisierung und internationalen Wettbewerb ist damit Protest gegen die Langsamkeit der internationalen Entwicklung – mit dem Risiko, diese noch weiter zu verlangsamen.

Andere Widerstände gegen internationalen Wettbewerb sind aus nationalen Egoismen motiviert. Der Protektionismus eines US-Präsidenten Donald Trump war hierfür ein gutes Beispiel. Internationaler Wettbewerb bedroht auch immer bestimmte Formen der wirtschaftlichen Betätigung im Inland. Trump hatte Deutschland vorgeworfen, zu viele Autos in den USA zu verkaufen; Mexiko würde Industriearbeitsplätze wegnehmen und China mit seinen Exporten die USA um wertvolle Arbeitsplätze betrügen. Dabei bedeutet die zunehmende Wettbewerbsfähigkeit aufholender Länder, dass diese in Kosten und Qualifikationen ein gutes und besser werdendes Angebot machen. Wenn der Wohlstand der nachholenden Weltregionen steigen soll, dann ist dies unumgänglich. Damit werden Tätigkeiten in etablierten Ländern infrage gestellt. Für viele Menschen ist der Wettbewerb der Globalisierung eine Bedrohung der persönlichen Wohlstandsgrundlagen: Wer seinen Arbeitsplatz verliert, weil das eigene Unternehmen im Wettbewerb mit internationalen Konkurrenten nicht mehr bestehen kann, sieht darin nichts Gutes. Das gilt insbesondere dann, wenn die allgemeine Arbeitsplatzsituation keine neue Perspektive bietet und die Qualifikation einen Wechsel in wachsende Bereiche schwer macht. Der globale Wettbewerb stellt klare Aufgaben an Unternehmen und Politik: Insbesondere sind Innovationen notwendig, um Beschäftigung zu sichern und damit einen weiter steigenden Wohlstand zu ermöglichen. Die Industrie in Deutschland war vor 50 Jahren völlig anders strukturiert als heute. Viele Produktionsformen sind in andere Länder abgewandert oder technologisch völlig obsolet geworden. Wohlstand schafft man nicht, in dem man sich gegen Wettbewerb abschottet. Umgekehrt ist der Protektionismus gegen internationalen Wettbewerb eine fundamentale Gefahr für den Wohlstand in etablierten und aufholenden Ländern.

Auch die Wirtschafts- und Finanzkrise 2008 und 2009 hat die Ressentiments gegen eine global vernetze Wettbewerbswirtschaft noch einmal gestärkt. Die weltweite Wirtschaftskrise nahm seinen Ursprung innerhalb der

Finanzmärkte. US-amerikanische Immobilienkredite, die in Pakete zusammengestellt an institutionelle Investoren verkauft wurden, hatten sich als viel weniger werthaltig als erwartet erwiesen. Die Mischung aus schlechten und guten Krediten reichte nicht mehr aus, um den Wert der gehandelten „Pakete" zu rechtfertigen. Mit der Entwertung gerieten Investoren – insbesondere Banken – in Schieflage, notleidende Kredite wurden gekündigt und Häuser gepfändet. Der massive Wertverlust der direkt betroffenen Anlagen verursachte einen Verkaufsdruck für diese und andere Wertpapiere, was die Kurse weiter nach unten drückte. Unsicherheit über die Stabilität von Finanzmarktakteuren schränkte die Kreditvergabe ein. Zwischen Banken kam zwischenzeitlich die Kreditvergabe fast vollständig zum Erliegen. Die Rettung von Banken und anderen Finanzmarktakteuren durch staatliche Finanzierung war notwendig, um weitere destabilisierende Dominoeffekte zu vermeiden. Auf der anderen Seite bedeutet eine implizite Garantie für große Geldhäuser, dass die Kosten von risikoreichen Geschäften im Zweifel vom Steuerzahler finanziert werden. Die kurzfristige Sicherheit durch Rettungsaktionen birgt damit die Gefahr langfristiger Instabilität. Um dies zu verhindern, wurden Regulierungsfehler adressiert und beispielsweise höhere Eigenkapitalforderungen an die Banken gestellt. Die Krise hatte nicht nur fundamentale Wirkungen auf den Finanzmarkt und den amerikanischen Immobiliensektor, sondern brachte auch eine schwere Rezession mit sich. Große Unternehmen wurden staatlich gerettet, aber eine schwere Wirtschaftskrise folgte – mit sinkender Produktion, steigender Arbeitslosigkeit und hoher Staatsverschuldung. Die daraus in einigen Ländern resultierende Staatsschuldenkrise war eine langanhaltende und politische brisante Folge der Finanzmarktkrise und der notwendig gewordenen Ausgaben zur Krisenbekämpfung.

Breite Teile der Bevölkerung war von den Krisenfolgen betroffen. Zwar waren Spareinlagen in Deutschland geschützt, dennoch gab es erhebliche Vermögensverluste, wenn in bestimmte Anlagen investiert wurde. Auch dort, wo Arbeitsplätze nicht verloren gegangen sind, war die geschrumpfte Wirtschaftsleistung mit niedrigeren Einkommen verbunden. Die gestiegene Staatsverschuldung stand zudem einer steuerlichen Entlastung entgegen – auch dies ein Kollateralschaden der Krise. All diese Kosten und Belastungen trafen die Menschen unverschuldet. Weder waren sie verantwortlich für die Vergabe von amerikanischen Immobilienkrediten an eine Vielzahl von Haushalten, die sich diese nicht leisten konnten, noch haben sie mit minderwertigen Verbriefungen dieser Kredite gehandelt. Fehlregulierungen der Finanzmärkte sind aufgrund der hohen Komplexität der Materie ohne entsprechende Expertise kaum zu erkennen. Verbraucher konnten sich also nicht auf die drohenden Risiken einstellen. Selbst professionelle Anleger in Kommunen oder Banken haben die Instrumente nicht ausreichend verstanden, um die bestehenden Risiken angemessen einschätzen zu können. Bei komplexen und undurchschaubaren Krisenursachen ist der Wunsch nach durchgreifenden und vermeintlich einfachen Lösungen groß. Die internationalen Finanzmarktakteure und die angeblich fehlende Regulierung der Finanzmärkte waren daher naheliegende Adressaten der Kritik.

Anonyme Investoren und internationale Fonds gelten als Sinnbild eines unregulierten Finanzkapitalismus. Gegen diese und die internationalen Organisationen, die weltwirtschaftliche Aufgaben erfüllen, richtet sich der Protest. Seien es die Tagungen der Weltbank und des Internationalen Währungsfonds, die Treffen Regierungschefs der sieben oder 20 wichtigsten Volkswirtschaften (G7 oder G2O) oder die Welthandelsorganisation. Die Eröffnung des neuen Gebäudes der Europäischen Zentralbank war im März 2015 Anlass für gewalttätige Proteste. Internationale Investoren erscheinen als verantwortungslose Einrichtungen, denen es ausschließlich auf maximalen kurzfristigen Gewinn geht – egal auf wessen Kosten. Die internationalen Organisationen erscheinen als willfährige Gehilfen dieser unmoralischen Akteure. Die Finanzmarktkrise hat diese Kritik verschärft, ist aber nicht die eigentliche Ursache. Auch außerhalb von spezifischen Krisen wird internationalen Investoren eine destruktive Rolle zugeschrieben. Und natürlich gibt es Erfahrungen, in denen der Einstieg eines internationalen Investors mit dem Abzug von Technologie verbunden war, mit fehlendem Committment oder Werksschließungen, um eigene Werke vor unliebsamer Konkurrenz zu schützen. Besonders unbeliebt und zuweilen als „Heuschrecken" tituliert sind solche Fonds, die Unternehmen aufkaufen, umzustrukturieren oder zerschlagen, teilweise schließen und die verbleibenden Teile nach kurzer Zeit mit hohen Gewinnspannen verkaufen. Damit erfüllen sie oftmals eine wichtige Funktion. Wenn Unternehmen in einer schlechten bis aussichtslosen wirtschaftlichen Verfassung sind und über kurz oder lang die Insolvenz droht, kann der Einstieg eines Investors die letzte Rettung sein. Dieser ist an keine impliziten Verpflichtungen oder unternehmerische Tradition gebunden, sondern kann die harten Schritte vornehmen, zu denen das vorherige Management nicht in der Lage war. Gleichermaßen müsste auch ein Insolvenzverwalter vorgehen, wenn das Unternehmen ohne die Hilfe von Investoren scheitert. Für die Mitarbeiter und Zulieferer aus den geschlossenen Unternehmensteilen ist dies die schlimmstmögliche Entwicklung. Für die anderen ergeben sich aber

neue Chancen. Würden die Unternehmensteile mit zu geringen Erfolgsaussichten zu lange weitergeführt, schwächen sie
die Überlebenschancen der eigentlich erfolgreichen Kerne.
Internationale Fonds spielen diese Rolle und erwirtschaften
mit dem auch für sie riskanten Geschäft – der Ausgang ist ja
letztlich offen – eine attraktive Rendite.

Aber auch jenseits dieser Sonderentwicklung werden
internationale Investoren oftmals kritisch beäugt. Tatsächlich kann damit gerechnet werden, dass diese sich in
wirtschaftlichen Grenzsituationen nicht automatisch dafür
entscheiden werden, weiter im Zielland investiert sein zu
wollen. Bei heimischen Unternehmen besteht eine gewisse
„Treue" zu ihrem Heimatstandort. Aber auch dies darf
nicht überdehnt werden. Letztendlich ist Kapital international flexibel. Daraus ergibt sich, dass Staaten versuchen
müssen, attraktiv für Investoren zu sein. Schließlich geht es
aus einzelstaatlicher Perspektive ja um die Zunahme des
Wohlstands im eigenen Lande, und nicht irgendwo auf der
Welt. Um Investoren anzulocken, müssen die Investitions-
bedingungen (z. B. Rechtssicherheit, Innovation, Qualifikation, Infrastruktur und diverse Kostenfaktoren) möglichst attraktiv sein. Die Politik hat damit nicht mehr die
Möglichkeit, wirtschaftliche Rahmenbedingen beliebig gestalten zu können, ohne dass dies ohne realwirtschaftliche
Konsequenzen bleiben würde. Man mag darin eine Einschränkung der Autonomie staatlichen Händen sehen und
das Bedauern. Man kann darin auch eine Kontrollfunktion
wirtschaftlicher Prozesse gegenüber der staatlichen Willens-
bildung erkennen. Wenn man sich gegen diese Rolle von
Investoren wehrt, stellt man aber auch gleichzeitig den
internationalen Wettbewerb infrage. Es wäre beispielsweise
für deutsche Unternehmen nicht möglich gewesen, sich
international und zu Gunsten von Wertschöpfung und Be-

schäftigung auch in Deutschland so erfolgreich aufzustellen, wenn der Kauf von lokalen Unternehmen oder der
Aufbau eigener Strukturen im Ausland – wenn also internationale Investitionen nicht möglich gewesen wären. Auch
der Export von Standards – wie auch Umwelt- und Sozialstandards – in Schwellenländer hätte ohne eigene Investitionen vor Ort nicht stattgefunden. Die Vorstellung,
als Volkswirtschaft International agieren zu können, gleichzeitig aber internationale Investoren ausschließen zu können, wäre naiv. Offenheit funktioniert in beide Richtungen. Wettbewerb, auch internationaler Wettbewerb, ist ein
Qualitäts-, Effizienz- und Investitionstreiber. Dazu gehören
auch internationale Investoren in ihren unterschiedlichen
Ausprägungen. Wichtig sind Spielregeln, nach denen Investoren agieren können und wie Staaten mit ihnen umgehen. Nur so können die negativen Beispiele vermieden,
aber nicht alle persönlichen Härten genommen werden.
Ohne den Wettbewerb der globalen Finanzmärkte und der
Investoren würde es allen schlechter gehen. Der dynamische Aufwuchs von Wohlstand der Sozialen Marktwirtschaft wäre ohne nicht möglich gewesen.

Wettbewerb in der Krise?

Als 2020 die Corona-Krise den Erdball erfasste und aus der
gesundheitlichen schnell eine wirtschaftliche Krise wurde,
sahen sich die globalen, im Wettbewerb entwickelten Wertschöpfungsnetzwerke einem ungeahnten Stresstest ausgesetzt. Produktion war bedingt durch die Pandemie teilweise nicht möglich, Transportwege waren unterbrochen
und Grenzen geschlossen. Damit war der freie Warenverkehr praktisch von einem Tag auf den anderen massiv beein-
trächtigt. Während der Übergang vom Büro ins Homeoffice

mithilfe von Videokonferenzen und Online-Zugängen vielfach mit erstaunlich geringen Problemen bewältigt wurde,
konnte der Warenverkehr nicht ohne weiteres umgestellt
werden. Gerade zeitlich eng aufeinander abgestimmte Prozesse – Just-in-Time oder Just-in-Sequence-Lieferungen –
wurden unterbrochen. Ohne Vorprodukte konnten auch
Unternehmen nicht mehr produzieren, die gar nicht direkt
von Corona betroffen waren. Auch das Wiederanfahren der
komplexen Wertschöpfungsketten war ein komplexer, teurer und zeitraubender Prozess. Ein Jahr nach Ausbruch der
Pandemie kamen weitere Probleme zum Vorschein: Nach
dem schnellen Abschalten von Produktionskapazitäten
wurde vielfach von einer länger anhaltenden Krise aus-
gegangen. Entsprechend wurden Transportkapazitäten und
Produktionsplanungen für Vorprodukte reduziert. Als die
Krise schneller als erwartet überwunden wurde, fehlten
genau diese Kapazitäten. Der resultierende Logistik-Stau
konnte erst mit vielen Verzögerungen abgebaut werden und
wurde durch Einzelereignisse wie die zwischenzeitliche
Sperrung des Suez-Kanals oder großer Häfen noch einmal
verstärkt.

Die Corona-Krise hat deutlich gemacht, dass weltweite
Abhängigkeiten bestehen. In Normalsituationen ist dies
wenig problematisch. Selbst in Fällen wie dem Erdbeben
und Tsunami in Japan 2011, das auch das Reaktorunglück
von Fukushima ausgelöst hat, kam es weltweit nur zu über-
schaubaren Schwierigkeiten in einzelnen Wertschöpfungsketten. Als kritisch wurden Abhängigkeiten vor allem bei
natürlichen Rohstoffen diskutiert: Öl aus dem Persischen
Golf, Erdgas aus Russland oder seltene Erden aus China
galten schon länger als politisch und wirtschaftlich schwierig. Auch die starke Rolle chinesischer Anbieter beim Aufbau von 5G-Mobilfunknetzen wurde aufgrund der potenziellen Spionage- und Sabotagepotenziale kritisch diskutiert.

Mit Corona wurden Abhängigkeiten auch an anderer Stelle sichtbar. Medizinische Grundstoffe, Halbleiter und viele andere Produkte werden global eingekauft und weitgehend oder vollständig importiert. Aus dem Risiko, dass derartige Importe nicht mehr getätigt werden können, wird der Ruf nach mehr regionaler Produktion angeleitet. Die damit gestellte Frage nach der Versorgungsicherheit wichtiger Rohstoffe und Vorprodukte richtet sich zunächst an Unternehmen selbst, die durch Lagerhaltung, eigene Produktion oder die Kooperation mit einer Mehrzahl von Lieferanten ihre Versorgungssicherheit erhöhen können. Auch die Auswahl regionaler Zulieferer zählt zu den Optionen. All diese Möglichkeiten sind jedoch kostspielig, sodass diese mit dem Nutzen – der sicheren Versorgung auch in Ausnahmesituationen – abgewogen werden müssen. Dafür muss nicht nur der potenziell hohe Schaden berücksichtigt werden, sondern auch die Wahrscheinlichkeit solcher Ereignisse. Eine globale Einschränkung von Wertschöpfungsketten war bisher extrem selten. Zudem helfen bestimmte Schutzmaßnahmen gerade in solchen Fällen nicht: Lieferanten in verschiedenen Ländern sind dann kein Mehr an Sicherheit, wenn praktisch alle Länder betroffen sind. Das gilt auch für Regionalisierung. In der ersten Phase der Pandemie lagen die Probleme der Wertschöpfungsketten vor allem bei Lieferungen innerhalb Europas – eine stärkere Rückverlagerung von globalen Lieferanten nach Europa hätte die Probleme nicht gelöst. Mit der Reaktion auf mögliche Versorgungsrisiken könnten aber auch protektionistische Ziele verfolgt werden. Mit dem Verweis auf Risiken lässt sich internationaler Wettbewerb diskreditieren. Nur weil Lieferungen aus der eigenen Weltregion oder dem eigenen Land kommen, sind sie aber noch nicht besser oder sicherer – und im Zweifel teurer. Übertriebene Rückverlagerung von globalen Lieferketten würde damit nicht nur den heimi-

schen Verbrauchern und exportorientierten Unternehmen
schaden, sondern auch den bisherigen Lieferländern, die
von ihren Absatzmärkten abgeschnitten würden. Das ge-
schwundene Vertrauen in die Funktionalität globaler, im
Wettbewerb entstandener Liefernetzwerke ist eine erhebliche Bedrohung für den Wohlstand. Verschärft wurde dies
durch den russischen Überfall auf die Ukraine, durch den
insbesondere Abhängigkeiten in internationalen Lieferketten neu diskutiert wurden. Dies gilt in besonderem
Maße für die europäische Energieversorgung und die
Möglichkeit, mit geringen Konsequenzen auf russische Importe zu verzichten. Aber auch hinsichtlich anderer Güter
wurden Risiken einer eng vernetzten Lieferstruktur deutlich.

Ganz grundlegend wird die marktwirtschaftliche, auf
Wettbewerb basierende Wirtschaftsordnung auch von einigen Klimaschützern infrage gestellt. Das bestehende Wirtschaftssystem hat zweifelsohne dazu geführt, dass die Treibhausgasemissionen sich so entwickelt haben, wie sie sich
entwickelt haben. Aber kann daraus abgeleitet werden, dass
Klimaschutz im Gegensatz zu einer Wettbewerblichen
Wirtschaftsordnung steht? Die Tatsache allein, dass die Ex-
pansion der wirtschaftlichen Tätigkeit in den wirtschaftlichen Strukturen der letzten 150 Jahre einhergegangen ist
mit einer Zunahme von Emissionen, ist erst einmal trivial.
Klar ist auch, dass es systematische Fehlsteuerungen gibt.
Die Kosten der Emissionen werden in wirtschaftlichen Entscheidungen weltweit nicht ausreichend berücksichtigt, da
es hierfür lange keinen Preis gab und auch heute nur in
Ausnahmefällen (wie dem europäischen Emissionshandel)
einen Preis gibt. Wenn etwas aber nichts kostet, obwohl
faktische Kosten entstehen, werden diese in den individuellen Kosten-Nutzen-Abwägungen nicht angemessen berücksichtigt. Ein Übermaß an Produktion und Konsum basie-

rend auf relativ emissionsintensiven Gütern und Prozessen ist die Folge, in der Konsequenz sind die Emissionen gemessen an den dadurch verursachten Schäden zu hoch. Die Ablehnung der marktwirtschaftlichen Prozesse tritt in zweierlei Gestalt auf: In der einen Gestalt wird ein Ende des Wachstums propagiert, das aus Wettbewerbsprozessen entsteht. In der anderen Gestalt geht es weiter, man fordert ein Ende der kapitalistischen Wirtschaftsordnung. Natürlich können staatliche Rahmenbedingungen so gestaltet werden, dass weniger wirtschaftliches Wachstum möglich ist. Die Einpreisung der Umweltkosten ist ein gutes Mittel, um Wohlstand auf der einen nicht durch versteckte Schäden auf der anderen Seite zu finanzieren. Die Abkehr vom Wachstum würde aber zugleich die Abkehr von einer wettbewerblichen Wirtschaftsordnung bedeuten. Im Wettbewerb entsteht immer Neues. Die Menschen versuchen täglich, Ihre Aufgaben besser zu erledigen und neue Lösungen für alte und neue Probleme zu finden. Wachstum ist das Ergebnis dieser Anstrengungen – nicht ein vorgegebenes und beliebig an- und abstellbares Ziel. Der Ruf nach einem Wachstumsstopp stellt also bereits sehr grundsätzlich unsere Wirtschaftsweise infrage. Die Forderung nach einem Ende des Kapitalismus umso mehr. Dies erstaunt: Schließlich geht es bei dem Austausch auf Märkten im Wettbewerb darum, knappe Güter möglichst effizient einzusetzen und hierfür neue Lösungen zu finden. Ist nicht das genau die Aufgabe der Klimapolitik?

Globalisierung, Finanzkrise, Corona, Krieg und Klima. All dies sind große, globale Themen mit kaum zu überschätzenden wirtschaftlichen Auswirkungen. Aber auch auf regionaler oder nationaler Ebene finden Gegner von privatwirtschaftlichem Wettbewerb ihre Themen. Prominentes Beispiel sind die Enteignungspläne von Wohnungen in Berlin. Große Wohnungsbauunternehmen sollen gegen Entschädigung enteignet werden. Der Wohnungsmarkt soll so nach Möglichkeit dem Wettbewerb entzogen werden – auch wenn durch Enteignung natürlich keine einzige neue Wohnung mehr entsteht, die die Engpasssituation und die deutlich angestiegenen Preise entspannen könnte.

Wettbewerb und marktwirtschaftliche Koordination haben viele Gegner. Vielfach gibt es Gründe, nicht immer überzeugende Rechtfertigungen. Wettbewerb ist sowohl unbequem als auch hilfreich, wie die nachfolgenden Kapitel illustrieren sollen.

2

Wettbewerb macht Stress

Unbequeme Anstrengungen

Gegner von Wettbewerb sind aber nicht automatisch im kapitalismuskritischen Umfeld zu finden. Auch im ganz normalen Alltag hat der Wettbewerb unangenehme Nebenwirkungen, und es ist nicht überraschend, dass man sich diesen gerne entzieht. Wettbewerb zwingt Menschen und Unternehmen zu Anstrengungen und zu Innovation. Auch wenn das Gesamtergebnis des Wettbewerbsprozesses vorteilhaft ist, ist der Weg aus individueller Perspektive oftmals unangenehm oder sogar schmerzhaft. Dies gilt in Bezug auf die Anstrengungen, die im Wettbewerb gefordert werden. Im besten Fall profitieren alle Beteiligten – zumeist in unterschiedlichem Ausmaß – von den im Wettbewerb erbrachten Leistungen. Im schlechteren Fall gibt es im Wettbewerb nicht nur relative, sondern auch absolute Verlierer. Einzelne Partner können also nicht nur schlechter abschneiden und weniger profitieren als Mitbewerber, son-

H. Bardt, *Wettbewerb!*, https://doi.org/10.1007/978-3-658-39731-9_2

dern auch absolut im Prozess verlieren. Der Konkurs eines Unternehmens oder der Verlust des Arbeitsplatzes sind solche Verlustsituationen. Auch wenn es in der Not Unterstützung gibt, die Einkommensverluste tragbar bleiben und sich neue Chancen ergeben, ist diese drohende Verlustperspektive ein guter Grund, den Wettbewerb nicht zu begrüßen. Selbst im Sport, bei dem der Wettbewerbsgedanke und das explizite Kräftemessen im Vordergrund stehen, bei dem der eine gewinnt und der andere verliert, ist es naheliegend, dass erfolgreiche Teilnehmer den sportlichen Wettbewerb besser genießen können als abgeschlagene Dauerverlierer. Der Abstiegskampf aus der Bundesliga ist existenziell und brutal, das Verlustrisiko ist besonders hoch.

Gegner entstehen auch aus dem Wettbewerb selbst. Wettbewerb hat eine Neigung, sich selbst zu zerstören. In bestimmten Situationen, wenn beispielsweise die zunehmende Größe eines Unternehmens steigende Vorteile bringt und keine Innovationen entstehen, die den Wettbewerb intensivieren, könne stärkere Unternehmen immer stärker werden und den Wettbewerb aufheben. Wenn das erfolgreichere Unternehmen durch den erarbeiteten Vorsprung automatisch im Vorteil ist, kann es weitere Erfolge erzielen und den Vorsprung ausbauen. Die anderen Anbieter können immer weniger mithalten und müssen einer nach dem anderen aus dem Markt ausscheiden. Am Ende steht ein Monopol oder jedenfalls eine Situation, in der Wettbewerb zwischen den etablierten Unternehmen nicht mehr besteht und auch neue Firmen dies nicht ändern können. Wenn der Wettbewerb den Sieger weiter stärkt, wird es irgendwann keinen Wettbewerb mehr geben. In der Bundesliga wird dem FC Bayern genau diese Position unterstellt: Ein Verein, der im Wettbewerb durch die mit dem Erfolg verbundene wirtschaftliche Belohnung so stark geworden ist, dass kaum noch Wettbewerb besteht. In der

Wirtschaft wurde dieses Marktergebnis lange noch befördert. Im Kaiserreich hat das oberste Gericht, das Reichsgericht, noch 1897 Kartellverträge explizit erlaubt, die dann auch von einzelnen Kartellmitgliedern eingeklagt werden konnten. Der Wettbewerb wurde damit staatlich legitimiert ausgeschaltet. Zahlreiche Unternehmen in vielen Branchen nutzten diese Möglichkeit, beendeten den Wettbewerb und teilten die Märkte unter sich auf – letztendlich zu Lasten der Kunden, die entsprechend höhere Preise und/oder schlechtere Qualität in Kauf zu nehmen hatten.

Monopolisten sind natürliche Gegner des Wettbewerbs. Die Ursache ist naheliegend: Mit Wettbewerb werden die Gewinne reduziert, Preise müssen gesenkt, Angebotsmengen verringert, Qualität verbessert und Innovationen geliefert werden. Kunden haben im Wettbewerb die Wahl und müssen nicht einfach das akzeptieren, was der Monopolist anbietet. Die Monopolstellung zu erhalten, ist damit für den bestehenden Einzelanbieter erstrebenswert. Dies gilt im Übrigen unabhängig davon, ob es staatliche oder private Monopolisten sind. Die Öffnung der Märkte und die Schaffung von Wettbewerb ist nichts, was von den Profiteuren der bisherigen Struktur forciert wird. Auch die Vorkehrungen zur Verhinderung von Wettbewerbsbeschränkungen und zum Verbot von Kartellen waren von den Unternehmen, die daran gewöhnt waren, nicht immer begrüßt worden. Dennoch gilt dies als einer der Grundpfeiler der Sozialen Marktwirtschaft.

Es ist kaum zu bestreiten, dass Wettbewerb Anstrengungen verlangt und Stress versursacht. Nicht jeder zieht aus dem Wettbewerb selbst Motivation, sondern aus der potenziellen Prämie, um die der Wettbewerb geht, oder aus der Angst, nicht mehr mithalten zu können. Während der Sport einen klaren Sieger kennt, steht am Ende des wirtschaftlichen Wettbewerbs keine

Pokalübergabe. Unterschiedliche Strategien und Innovationen können hier eine Vielzahl von Unternehmen erfolgreich bestehen und ihr eingesetztes Kapital angemessen verzinsen lassen. Erfolg ist nicht nur der Sieg in einem Nullsummenspiel, sondern auch eine gute Platzierung oder ein gutes Jahresergebnis. Ohne Wettbewerb ist auch Erfolg im Sport nicht erreichbar, da dort immer die relative Position ausgewiesen wird. Gemessen am Ranking der Teilnehmer wird es immer einen ersten, zweiten und dritten Platz geben. Ob alle besser werden oder nicht, besser als auf dem ersten Platz kann man nicht anschneiden. Das ist beim wirtschaftlichen Wettbewerb anders. Hier kann mehr Anstrengung in einem besseren Unternehmensergebnis, also einem erhöhten Gewinn und sicheren, gut bezahlten Arbeitsplätzen führen. Wenn sich alle Wettbewerber verbessern, haben im wirtschaftlichen Wettbewerb alle ein besseres Ergebnis. Beim Sport bleibt es bei den Plätzen Eins, Zwei und Drei.

Und dennoch ist gerade im Sport der Wettbewerbsgedanke besonders ausgeprägt. Hier liegt sowohl im erfolgreichen direkten Vergleich als auch in der guten abschließenden Platzierung ein motivierendes Ziel, das zu höheren Leistungen anspornt. Zudem ist die Platzierung im Kräftemessen jederzeit transparent. Natürlich ziehen Sportler auch Befriedigung aus einer guten Leistung. Wichtiger ist am Ende des Wettkampfs dennoch nicht die absolute, sondern die relative Qualität, also die absolute Position im abschließenden Ranking nach dem Wettbewerb. Vermutlich würde jeder Teilnehmer einer Fußball-Weltmeisterschaft lieber mit einer schlechten Leistung gewinnen als trotz einer überragenden Leistung das Endspiel zu verlieren.

Neben der Bedeutung der Rangfolge und der Transparenz ist ein weiterer wichtiger Unterschied zwischen dem sportlichen und dem wirtschaftlichen Wettbewerb die hier bereits angedeutete Endlichkeit. Der Wettbewerb einer

Weltmeisterschaft endet mit der Pokalübergabe. Den einmal gewonnenen Titel kann niemand mehr wegnehmen. Der Wettkampf wird nicht fortgesetzt, ein neuer beginnt. Der wirtschaftliche Wettbewerb ist hingegen ein dauerhafter Prozess. Es gibt keinen Pokal am Ende der Saison, auch keinen vollständigen Überblick über die Platzierung der Konkurrenz. Vielmehr zählt das eigene Ergebnis, gemessen an der Rendite des von den Investoren eingesetzten Kapitals. Der zwischenzeitliche Gewinn ist immer gefährdet und kann wieder verloren gehen. Bisher unbekannte Wettbewerber können plötzlich bedeutsam werden, Transparenz kann nur teilweise erreicht werden. Selbst die Regeln des Wettbewerbs sind dynamisch. IKEA revolutionierte die Möbelbranche, indem sie, ganz entgegen den bisherigen Gewohnheiten, Bausätze entwickelte und den Kunden in die Fertigung der Möbel einbezog. Würden hingegen beim Fußball die Zuschauer zu Mitspielern gemacht, würde dies sofort als regelwidrig unterbunden werden.

Damit ist der Wettbewerb zwischen Unternehmen insofern dynamischer, als er weniger klare Strukturen bringt, die als sicher anzusehen sind und auf die sich die Teilnehmer entsprechend einstellen können. Es gibt nur in sehr begrenztem Umfang Sicherheit und Planbarkeit. Für Unternehmen ist Wettbewerb damit sowohl die Basis des Erfolgs als auch eine andauernde Stresssituation.

Andauernder Veränderungsdruck

Große und erfolgreiche Unternehmen wirken von außen betrachtet mächtig, unangreifbar und stabil. Wettbewerber sind keine Bedrohung, das Geschäft läuft sicher und praktisch auf Autopilot. Druck, Stress oder gar Existenzsorgen finden in diesem Bild keinen Platz. Newcomer oder auch bestehende Wettbewerber haben scheinbar keine Chancen, sich gegen den etablierten Platzhirsch mit seinen etablierten Produkten, seinem großen Kundenstamm, seinen Erfahrungen, Knowhow und finanziellen Rücklagen durchzusetzen. Internationale Großunternehmen sind praktisch das Sinnbild für Erfolg und Stärke. Große Abteilungen entwickeln neue Kundenbeziehungen, Rechtsanwälte minimieren juristische Risiken. Die finanziellen Mittel erlauben es, sowohl rechtliche Probleme zu lösen als auch potenzielle Wettbewerber zu kaufen. Gut etablierte Vertriebsstrukturen und große Marketingbudgets stellen sicher, dass die Produkte beim Kunden ankommen. Die schiere Größe wirkt wie eine Garantie für zukünftige Erfolge. Die Gewinne der Vergangenheit ermöglichen die Gewinne der Zukunft. Selbst wenn einmal ein schlechtes Jahr kommt, was sollte einen multinationalen Konzern in Gefahr bringen können? Warum sollte ausgerechnet Wettbewerb für ein gut etabliertes und erfolgreiches Unternehmen Stress bedeuten?

Ganz einfach: Weil der Erfolg der Vergangenheit eben nicht den Erfolg der Zukunft vorherbestimmt. Im Gegenteil kann sogar früherer Erfolg die zukünftigen Entwicklungsmöglichkeiten hemmen und den Fortbestand des Unternehmens gefährden. Unternehmen, die sich in Sicherheit wägen und sich nicht verändern, übersehen Entwicklungen, verschlafen Trends, nehmen aufkommenden Wettbewerb und veränderte Kundenwünsche nicht ausreichend wahr. Die Zahl der Unternehmen, die trotz großem Erfolg und teilweise dominanter Stellung untergegangen sind, ist groß. Opel beispielsweise war in den sechziger und siebziger Jahren einer der größten deutschen Automobilhersteller und galt als Marktführer in einzelnen Segmenten. Dennoch kam der Niedergang und diverse Rettungsversuche bis hin zu umfangreichen Werkschließungen. Nokia steht geradezu prototypisch für das Ende nach einem großen Erfolg. Das Unternehmen kam aus der Papierproduktion, fand aber immer wieder den Weg in neue Geschäftsfelder. Anfang der 2000er-Jahre war Nokia Marktführer bei Mobilfunkgeräten. Trotz der komfortablen Situation der Stärke gelang es jedoch nicht, die technische Entwicklung der Smartphones mitzugehen und der Erfolg war Geschichte. Auch die jetzt so dominant wirkenden Internetriesen haben teilweise Vorgänger, die ebenfalls dominante Positionen innehatten – beispielsweise Yahoo im Bereich der Suchmaschinen. Aktuelle Marktführer wie Google versuchen durch immer neue Geschäftsfelder und Innovationen ihren Vorsprung gegenüber den möglichen Wettbewerbern zu halten und damit zukünftiges Geschäft zu sichern.

Der Wettbewerb auf den Märkten hält auch langjährig erfolgreiche und etablierte Unternehmen unter Druck, auch wenn der nicht immer offensichtlich ist. Nichtstun führt nicht zu Stabilität, sondern zu einer Aufsummierung latenter Gefährdungen. Um den schleichenden Niedergang zu vermeiden, müssen sie sich immer wieder neu erfinden und neue Geschäftsmodelle entwickeln, die alte und weniger profitabel werdende ersetzen. Für das Unternehmen, seine Führungskräfte und die Mitarbeiter bedeutet die immer wiederkehrende Veränderungsnotwendigkeit und die latente Drohung des Untergangs eine andauernde Stresssituation. Diese kann akut werden, wenn das Unternehmen selbst in eine Krise gerät oder die konjunkturelle Entwicklung sehr sichtbare Gefahren für das Fortbestehen des Geschäftsfeldes oder des ganzen Unternehmens mit sich bringt. Aber auch die latente Verschlechterung ist eine Gefahr für die Zukunft von Geschäft und Arbeitsplätzen. Je unmerklicher diese Entwicklung ist, desto größer sind die Risiken auf längere Frist. Schließlich wird, wenn kein Veränderungsdruck wahrgenommen wird, auch die Notwendigkeit der aktiven Neugestaltung nicht gesehen. Während eine frühzeitige Reaktion späteres Unheil abwenden könnte, wird der Reformbedarf durch Nicht-Handeln umso größer. Der wirkliche Stress entsteht erst dadurch, dass der sich real aufbauende Stress nicht (oder nur zu wenig) wahrgenommen wird. Veränderungen sind in einer Situation der vermeintlichen Sicherheit sehr viel schlechter zu realisieren als zur Abwendung einer konkret drohenden Gefahr. Der Druck der Veränderung, in dem sich der Stress, durch den sich wandelnden Wettbewerb manifestiert, muss in erfolgreichen Phasen eines Unternehmens selbst erzeugt werden. In gut geführten und erfolgreichen Unternehmen ist der Stress der Veränderung damit permanent, um die akuten und krisenhaften Stresssituationen zu vermeiden. Wettbewerb macht die Marktposition jedes Unternehmens angreifbar. Kein etabliertes Unternehmen, das im Wettbewerb steht, kann sich auf seinem bisherigen Erfolg ausruhen. Und selbst wenn es keinen aktuellen Wettbewerber gibt, der als relevant wahrgenommen wird, kann es potenzielle Wettbewerber geben. Das können neue Unternehmen sein oder auch etablierte Player auf anderen Märkten, die den Sprung auf den Heimatmarkt des etablierten Platzhirsches machen können. Sicher ist, dass Wettbewerb die Unternehmen andauernd zu Neuerungen herausfordert. Damit erzeugt er eine Drucksituation, die vom Unternehmen selbst als schwierig und stressig wahrgenommen wird. Dies gilt für schlecht aufgestellte und in Krisen erfahrene, aber auch für besonders erfolgreiche, augenscheinlich stabile und wirtschaftlich gesicherte Unternehmen.

Wenn selbst etablierte Unternehmen mit einer erfolgreichen Geschichte, starker Marktposition und gut gefüllter Kasse unter Wettbewerbsdruck stehen, gilt das erst recht für neu aufkommende Wettbewerber. Nachziehende Unternehmen können nicht auf die über lange Zeit aufgebaut Stärke der etablierten Platzhirsche zurückgreifen. Sie haben nicht die (durchaus oftmals trügerische) Erfahrung und Sicherheit des Erfolgs, sondern bewegen sich auf einem Terrain, auf dem Hoffnungen auf nutzbare Chancen dominieren. Gewissheiten und erfahrungsgestützte Kenntnisse der für sie neuen Märkte sind hingegen noch nicht besonders ausgeprägt. Sich in einem unbekannten Gebiet zu bewegen und gleichzeitig das Risiko des Scheiterns vor Augen zu haben, ist sicher eine Quelle für Stress aufkommender Unternehmen in neuen Märkten. Das Risiko entsteht nicht nur durch die vergleichsweisen geringen Erfahrungen, sondern auch durch die typischerweise geringere Kapitaldecke. Während lange am Markt agierende Firmen durchaus kalkulierbare Risiken eingehen können, ohne damit gleich die Existenz des Unternehmens aufs Spiel zu setzen, bedeutet eine risikoreiche Entscheidung eines Newcomers im Fall des Misserfolgs schnell das Ende des ganzen Projekts. Für ein kleines Unternehmen, das sich in den Wettbewerb begibt, geht es nicht nur um das nächste Quartalsergebnis oder schlimmstenfalls um ein Geschäftsjahr, sondern es geht schnell um Alles.

Für neu gegründete Unternehmen ist der Stress des Wettbewerbs unmittelbar, ungefiltert und geradezu konstitutiv. Die Eroberung eines neuen Geschäftsfelds mit innovativen Produkten oder Services ist die eigentliche Aufgabe eines Newcomers – der Gründungszweck des ganzen Vorhabens. Startups verschärfen den Wettbewerb und erhöhen damit für alle Beteiligten den Druck. Dieser Druck wirkt in beide Richtungen, und ist bei dem kleineren Außenseiter auf dem Markt erheblich stärker spürbar. Typisch für Start-ups, aber auch für dynamische bereits bestehende Unternehmen, ist die andauernde Veränderung. Wenn ein Produkt oder Service nicht den gewünschten Erfolg hat, muss eine Anpassung erfolgen. Wachsende Unternehmen müssen neue Strukturen schaffen und alte verändern. Neue Kunden und Partner müssen gefunden werden. Auch die Finanzierung dieser jungen Unternehmen ist alles andere als gesichert. Die Suche nach neuen Investoren gehört zu den Daueraufgaben der Gründer. Jede

Finanzierungsrunde gibt wieder einige Monate Zeit zur Entwicklung des Unternehmens. Scheitert die Finanzierung, kann aber auch sehr schnell Schluss sein. Während bei etablierten Unternehmen die Wahrscheinlichkeit hoch ist, dass das Jahr ähnlich endet wie es begonnen hat, ist bei Start-ups die Schließung des Unternehmens permanent eine reale Möglichkeit. Umgekehrt kann aber auch die Übernahme durch einen Investor, einen Wettbewerber oder ein etabliertes Unternehmen zustande kommen. Auch ein solcher Erfolg hat eine Neudefinition und grundlegende Veränderungen zur Folge. Wenn aus Wettbewerb Stress erfolgt, dann besonders bei neu gegründeten Unternehmen.

Nachziehende Unternehmen verstärken aber nicht nur den Wettbewerb auf bestehenden Märkten, sondern können ihn auch fundamental verändern. Technologien werden neu eingebracht oder verbessert, Geschäftsmodelle völlig anders gedacht. Auch die Regeln des Wettbewerbs werden von jungen Unternehmen anders gestaltet als von den erfahrenen, routinierten und manchmal trägen bestehenden Firmen. Die Fähigkeit, sich immer neu aufzustellen und fundamental anders und neu zu denken, macht viele erfolgreiche Start-ups aus. Gerade diese Stärke ist aber auch dafür verantwortlich, dass der hohe Druck und Stress des Wettbewerbs nicht als besondere Belastung wahrgenommen werden muss. Wer auf gewohnter Bahn gestört wird, muss sich verändern. Wer die Neuerung als zentrale Erfahrung mitbringt, der will sich verändern. Die erfolgreiche Veränderung bis hin zur Disruption macht den Kern und den Erfolg junger Unternehmen aus. In Zeiten disruptiver Veränderungen ist diese Fähigkeit ein nicht zu unterschätzender Wettbewerbsvorteil. Wenn der Druck als Vorteil wahrgenommen wird, ist Wettbewerb dann wirklich noch eine Quelle für Stress?

Ein Beispiel aus dem Sport kann dies illustrieren. Im Skispringen war es Standard, die beiden Ski in Parallelstellung in der Luft zu halten. Dies wurde mit guten Haltungsnoten honoriert, die neben der Weite den Gesamterfolg ausmachen. Mit der Innovation der Skihaltung in einem V mit auseinander gehaltenen Skispitzen konnten höhere Weiten erzielt werden, mit denen die schlechteren Haltungsnoten kompensiert werden konnten. Junge Springer waren mit diesem Stil erfolgreich und der Stil setzte sich durch (und wurde auch in den Haltungsnoten nicht mehr bestraft). Den etablierten Springern fiel die Anpassung an diese Innovation schwer, nur wenige Spitzenspringer konnten mit beiden Stilen erfolgreich sein. Das Beispiel ist natürlich nicht eins zu eins auf Unternehmen übertragbar, aber es zeigt, dass die „jungen Wilden" gute Chancen haben, wenn sich die etablierten Player nicht schnell und gut genug an die neuen Regeln oder Technologien anpassen können.

Die Last der Anpassung und der Druck des Wettbewerbs liegt nicht nur bei Unternehmen und der Unternehmensleitung, sondern insbesondere auch bei den Arbeitnehmern. Unternehmen sind immer soziale Gebilde, in denen eine Vielzahl von Menschen tätig ist. Für sie alle bedeutet Wettbewerbsdruck Stress. Dies kann Druck zu hoher oder schneller Leistung in bestehenden Tätigkeiten sein, Druck zu Kreativität und Innovation, aber auch Druck hin zu Veränderungsbereitschaft und Veränderungsfähigkeit. Dabei gibt es den alltäglichen Stress und die normale Arbeitsbelastung selbst in monopolistischen Unternehmen, die also nicht im Wettbewerb stehen müssen. Auch in Behörden müssen Anforderungen erfüllt und Ziele erreicht werden, auch wenn es keinen Wettbewerber, kein Gewinnziel und keine Drohung des Konkurses oder Arbeitsplatzverlustes gibt. Starker externer Wettbewerb kann die Ziele anspruchsvoller machen und die als Stress empfundenen Dynamik im Unternehmen erhöhen. Ob dieser Stress als positiv oder negativ wahrgenommen wird, hängt neben der persönlichen Disposition, der konkreten Situation und dem privaten Umfeld vor allem auch von der Unternehmenskultur ab. In einer Leistungsgemeinschaft kann Ehrgeiz und Anstrengung auf gemeinsame Ziele gelegt werden. In anderen Kulturen, die eher von Misstrauen oder Ängsten geprägt sind, ist schon der Alltagsdruck ein als kritisch wahrgenommener und abgelehnter Stress.

Scheitern und Strukturwandel

Existenzieller Stress entsteht im Moment des Scheiterns oder des drohenden Scheiterns. Das gilt natürlich auf der individuellen Ebene, wenn beispielsweise aufgrund von Konflikten oder persönlichem Verhalten eine Weiterbeschäftigung nicht möglich oder zumindest ein weiterer Karrierefortschritt ausgeschlossen ist. Viel dramatischer und durch eine sich verschlechternde Wettbewerbsposition erzwungen ist hingegen die Schließung eines Unternehmensteils, eines Betriebes oder gar eines ganzen Unternehmens, was für viele Menschen zugleich den Verlust des Arbeitsplatzes mit sich bringt. Dieses Scheitern ist für Start-ups immer im Bereich des Möglichen und von den Mitarbeitern in Kauf genommen. Diese sind typischerweise jung, gut ausgebildet und flexibel, sodass die Chancen auf eine neue Beschäftigung hoch sind. Aber auch etablierte Großunternehmen müssen immer wieder teilweise schließen. Wenn hier zahlreiche Mitarbeiter arbeitslos werden, die örtlich gebunden sind und deren Qualifikationen nicht mehr gefragt sind, kann eine solche existenzbedrohende Krise lang anhalten. Die Schließung vieler DDR-Unternehmen, die nicht im neu aufkommenden Wettbewerb bestehen konnten, ist ein bis heute spürbares Beispiel dafür.

Auch jenseits der Schließung bringt Wettbewerb laufenden Veränderungsbedarf und Druck zur Innovation für die Mitarbeiter mit sich. Veränderung kann per se als stressig wahrgenommen werden. Wenn dies mit einer Gefahr des Statusverlust verbunden ist, verschärft sich die Situation für die Betroffenen. Innovationsprozesse sind im Regelfall damit verbunden, dass sich auch die Kompetenzen der Mitarbeiter weiterentwickeln und anpassen müssen. Neue Technologien entwerten bestehende Erfahrungen und Kenntnisse. Daraus folgt, dass die Erneuerung und Weiterentwicklung der Qualifikationen entscheidend dafür sind, erfolgreich in einem wettbewerblichen Umfeld bestehen zu können. Wenn das persönliche Knowhow und das Potenzial der Mitarbeiter stetig weiterentwickelt wird, sinkt das Risiko des Scheiterns des Unternehmens als auch die Gefahren für den einzelnen Arbeitnehmer im Worst-Case-Szenario. Die Chance, im Unternehmen weiter erfolgreich zu sein oder eine adäquate Alternative außerhalb zu finden, steigen in einem dynamischen Umfeld mit dem Ausmaß an aktueller Qualifikation. Auch lebenslanges Lernen kann als Stress empfunden werden, aber es reduziert existenzbedrohende Gefahren und ist damit unter dem Strich stresslindernd für Unternehmen und Mitarbeiter.

Wenn Unternehmen in Konkurs gehen, insbesondere wenn dies in größerer Zahl oder regional konzentriert passiert, sind das auch volkswirtschaftliche Schäden. Diese können als Preis des Wettbewerbs interpretiert werden, der gezahlt werden muss, um die viel größeren Vorteile und Gewinne realisieren zu können. Der Niedergang oder auch nur die Stagnation wichtiger Unternehmen, die im Wettbewerb zurückfallen, kann das Wohlstandsniveau eines ganzen Landes negativ beeinflussen. So wie der Aufstieg neuer Branchen positive Wirkung auf die Gesamtwirtschaft und die Gesellschaft hat, hat ein Abstieg negative Wirkungen. Wenn Unternehmen vom Markt verschwinden, geht damit mehr verloren als nur ein Unternehmen. Mitarbeiter verlieren ihren Arbeitsplatz und ihre Lohnzahlungen. Zulieferer verlieren ihre Kunden. Konsumnahe Branchen in der Region leiden unter der zurückgehenden Nachfrage durch die (ehemaligen) Mitarbeiter. Sponsoring für lokale Vereine geht zurück, Steuerzahlungen durch Unternehmen und Mitarbeiter fallen aus. Wenn Unternehmen nicht mehr im Wettbewerb bestehen können, ist das nicht nur Stress für das Unternehmen und seine Mitarbeiter, sondern wirkt weit darüber hinaus.

Beispiele dafür gibt es viele. Das Ruhrgebiet durchlebte einen jahrzehntelangen Niedergang der Kohleförderung, nachdem diese gegenüber importierter Weltmarktkohle nicht mehr wettbewerbsfähig war. Über eine halbe Million Arbeitsplätze sind im deutschen Steinkohlebergbau seit den fünfziger Jahren abgebaut worden – Zuliefererbranchen noch gar nicht mitgerechnet. Die Krise dieser ehemals zentralen Branche prägt das Ruhrgebiet trotz aller Erfolge im Strukturwandel bis heute. Der beschlossene Ausstieg aus der Kohleverstromung und dem Braunkohletagebau führt vor allem im Rheinland und in der Lausitz zu nennenswerten Arbeitsplatzverbunden. Das – politisch aus Gründen des Klimaschutzes beschlossene Ausscheiden aus dem Wettbewerb – stellt auch hier die Regionen vor erhebliche Herausforderungen. Als drittes Beispiel sei die amerikanische Schwerindustrie genannt, die immer weiter an internationaler Wettbewerbsfähigkeit verloren hat. Der sogenannte Rust Belt im Nordosten der Vereinigten Staaten war einmal das Zentrum der US-Industrie. Politisch hat sich aus dem Niedergang eine tatkräftige Gegnerschaft gegen internationalen Wettbewerb entwickelt. Die protektionistische Politik des US-Präsidenten Trump mit Handelskonflikten mit China und Europa, aber auch Kanada und Mexiko ist (unter anderem) eine Reaktion darauf. Aber auch die Zurückhaltung gegenüber freiem Handel unter seinem Nachfolger Biden nimmt Rücksicht auf diese Position.

Wettbewerb bedeutet immer Strukturwandel und setzt damit nicht nur einzelne Unternehmen, sondern ganze Volkswirtschaften unter Druck. Neue Geschäftsmodelle müssen gefunden und ganze Wertschöpfungsketten angepasst werden. Neue Technologien müssen durch komplementäre Infrastrukturen und notwendiges Knowhow unterstützt werden. Aus dem Strukturwandel ergeben sich mithin auch gestalterische oder zumindest ermöglichende Aufgaben des Staates. Auch die Wirtschaftspolitik muss sich dem Wettbewerb stellen und kann ihn vernünftigerweise nicht verhindern.

Die Angst vor dem neuen Wettbewerber Japan, das in den achtziger Jahren beispielsweise mit damals modernster Mikroelektronik und Autos etablierte Anbieter unter Druck setzte, erzeugte Ängste um den eigenen zukünftigen Wohlstand in Europa und Nordamerika. Auch der wirtschaftliche und technologische Aufstieg Chinas produzierte Zukunftsängste in den etablierten Volkswirtschaften. Die wettbewerbswidrigen Handelspraktiken des chinesischen Staatskapitalismus und die machtpolitische Expansionspolitik des kommunistischen Regimes lässt diese Sorge heute durchaus realistischer erscheinen als im japanischen Fall vor einer Generation.

Auch die großen transformativen Entwicklungen der nächsten Jahrzehnte bestimmen die Positionen im Wettbewerb neu schaffen damit erheblichen zusätzlichen Druck für die entwickelten, etablierten Volkswirtschaften. So wie der aktuelle Wohlstand auf früheren Investitionen und Innovationen aufgebaut ist, so ist der zukünftige Wohlstand auch davon abhängig, ob die Innovationen und Investitionen für die digitale und dekarbonisierte Welt im eigenen Land entstehen. Durch beide Entwicklungen wird überliefertes Knowhow und bestehende Investitionen entwertet. Die Karten werden neu gemischt. Der Druck, unter dem die wohlhabenden Volkswirtschaften stehen, ist besonders groß.

Um den Unternehmen eine gute Position im Wettbewerb bieten zu können und damit auch als Volkswirtschaft eine gute Chance auf Prosperität zu verschaffen, müssen adäquate Bedingungen für Investitionen und wirtschaftliche Aktivität geschaffen werden. Auch dies bedeutet Stress, dieses Mal insbesondere für die Wirtschaftspolitik. Verbesserte Standortbedingungen müssen auch immer gegen andere Interessen durchgesetzt werden. Beispielsweise bedeuten stabilisierte Sozialabgaben auch Begrenzungen der Sozialausgaben, wettbewerbsfähige Steuern und notwendige Investitionen bedingen Grenzen der sonstigen staatlichen Aufgaben. Selbst eine effiziente Bürokratie und schnelle Genehmigungsverfahren können politisch nur gegen Widerstände realisiert werden, da mit Klage-, Einspruchs- und Verzögerungsrechten auch immer Interessen verbunden sind, die im politischen Wettbewerb ins Feld gebracht werden.

Wettbewerb ist mit Anforderungen verbunden, die zu Druck oder Stress führen können. Wettbewerb ist dynamisch, weil die Wettbewerber dynamisch sind. Neue und etablierte Unternehmen stehen in Konkurrenz zueinander. Neue Ideen, neue Technologien und neue Geschäftsmodelle verwandeln das Wettbewerbsumfeld immer wieder neu. Die Regeln des Wettbewerbs sind nicht statisch, wie in einem Schachspiel. Im Gegenteil müssen alle – Unternehmen, Mitarbeiter und der Staat – sich immer wieder verändern, immer wieder neu erfinden. Mit dem Knowhow, den Geschäftsmodellen und den wirtschaftspolitisch gestaltbaren Standortfaktoren der Vergangenheit und Gegenwart kann der Wettbewerb der Zukunft nicht erfolgreich bestritten werden. Die Fähigkeit zur Veränderung, auch ohne offensichtlichen und für jedermann unabweisbaren akuten Druck, ist eine zentrale Kompetenz, um aus latentem Wettbewerb und damit verbundenen Unannehmlichkeiten nicht einen potenziell katastrophalen Verlust an Wettbewerbsfähigkeit werden zu lassen. Wettbewerb macht Stress, aber die Vermeidung von Stress durch Aussitzen und Ignorieren potenziert den Druck und den möglichen Schaden. Mit dem Stress umzugehen und Veränderungen in Angriff zu nehmen ist der einzig gangbare Umgang mit dem Wettbewerb.

3

Wettbewerb schafft Wohlstand

Das Wohlstandsversprechen der Sozialen Marktwirtschaft

Wettbewerb ist eine grundlegende Quelle des Wohlstands. Auch wenn, oder gerade, weil von ihm andauernder Anpassungsdruck ausgeht. Was als Kosten des Wettbewerbs und damit als Übel wahrgenommen wird, ist in Wahrheit ein wichtiger Hebel zur Wohlstandsmehrung – oder eben ein Zeichen fehlender Wettbewerbsfähigkeit und fehlender Leistungserbringung für die Verbraucher. Ohne Wettbewerb würde der Druck oder auch Zwang zur Effizienz und Innovation fehlen, auf dem die weltweite Prosperität aufbaut.

Wie eine Wirtschaft ohne ausreichenden Wettbewerb aussieht, war und ist in den realen planwirtschaftlichen Ordnungen abzulesen. Die Zentralverwaltungswirtschaften der DDR und der Sowjetunion kannten keinen Wettbewerb, ebenso wenig das heutige Wirtschaftssystem in Nordkorea.

© Der/die Autor(en), exklusiv lizenziert an Springer Fachmedien
Wiesbaden GmbH, ein Teil von Springer Nature 2023
H. Bardt, *Wettbewerb!*, https://doi.org/10.1007/978-3-658-39731-9_3

Nach der demokratischen und marktwirtschaftlichen Wende hatte sich gezeigt, um wie viel schlechter die Unternehmen aufgestellt waren, sodass sie im einsetzenden Wettbewerb vielfach nicht überleben konnten. China hat einen anderen Weg gewählt und sich in den internationalen Güteraustausch integriert und damit den Wettbewerb auch für heimische Unternehmen wirksam werden lassen.

Eine Marktwirtschaft basiert auf privatem Eigentum und dezentraler Koordination über Preise auf Märkten. Selbst auf Privateigentum basierende Wirtschaftsordnungen ohne funktionierenden Wettbewerb sind nur begrenzt in der Lage, Wohlstand für die Gesellschaft zu schaffen. Auch in Monopolsystemen oder Kartellökonomien existiert zwar einen gewisses Effizienzstreben durch die Gewinnerzielungsabsicht der Eigentümer. Gleichzeitig sind für solche Marktformen Ineffizienzen, fehlende Innovation und überhöhte Preise zu Lasten der Konsumenten zu erwarten – alles zugleich Zeichen für eine fehlende Wettbewerbsfähigkeit, sobald andere Anbieter auf den bisher geschlossenen Markt eintreten können. Ohne Wettbewerb kann damit kaum von Marktwirtschaften gesprochen werden. Die für eine Marktwirtschaft konstitutive dezentrale Koordination über Märkte und Preise verlang nach freier Preisbildung auf Wettbewerbsmärkten.

Um „Wohlstand für Alle" zu schaffen – so wie es der erste Wirtschaftsminister und „Vater des Wirtschaftswunders", Ludwig Erhard, als Titel seines Buches formulierte, setzten die Vordenker und Gründerväter der Sozialen Marktwirtschaft auf eine Wettbewerbsordnung. Der Wettbewerb sollte also ermöglicht werden, um eine Wohlstandsentwicklung nach den katastrophalen Zerstörungen von Nazi-Diktatur und Zweitem Weltkrieg in Gang zu setzen. Damit ist es nicht irgendeine Marktwirtschaft, sondern eine spezielle Form, die sich von anderen Modellen unterscheidet.

Sowohl staatliche wie auch private Machtzusammenballung wurde kritisch gesehen und damit als wirtschaftlich und gesellschaftlich schädlich angesehen. Zu der Wirtschaftsordnung gehören neben der Wettbewerbssicherung mit der Tarifautonomie, der freien Preisbildung oder dem sozialstaatlichen Ausgleich weitere Faktoren, die ein eigenes Modell einer Marktwirtschaft beschreiben. Mit Bezug auf dieses Modell kann der Begriff als Eigenname verwendet und damit großgeschrieben werden – Soziale Marktwirtschaft.

Wettbewerb ist also ein zentrales Element einer Marktwirtschaft. Spätestens seit dem Ende des Kalten Krieges haben die Länder mit marktwirtschaftlichen Wirtschaftssystemen einen historisch praktisch einmaligen Wohlstandszuwachs erreichen können. Das Wirtschaftswunder in Deutschland – als prominentes Beispiel für schnelle Wachstumsphasen einer Volkswirtschaft – war die beste Werbung für die Marktwirtschaft nach dem Krieg. Wirtschaftliche Not wurde abgebaut, breit verankerter Wohlstand wurde geschaffen. Die Erfahrung der Mangelwirtschaft und der Versorgung mit Grundnahrungsmitteln auf Basis von Berechtigungsscheinen war noch gut in Erinnerung, als der Konsum immer weiter anstieg. Zunehmender Fleischkonsum, besser ausgestattete Wohnungen, Urlaubsreisen und das eigene Auto wurden zum Symbol für Wohlstand. Mit dem VW Käfer brachen Touristen auf, um über den Brenner nach Italien zu fahren.

Unternehmen fluorierten und warben um ihre Kunden. Kaufhäuser und Versandhäuser lieferten sich einen intensiven Wettbewerb. Eine Reihe von Elektronikherstellern produzierten Küchenmaschinen und Radios. Opel und Volkswagen boten Mittelklasseautos an, während Mercedes-Benz und BMW die Oberklasse bedienten. Später revolutionierten Internet-Anbieter wie Amazon den Handel, Tesla setzte mit hochwertigen batteriegetriebenen Elektroautos neue

Maßstäbe. Wettbewerb prägte die Wachstumsphasen der Volkswirtschaften und stand Pate für den zunehmenden Wohlstand der Gesellschaft.

Die individuellen Wohlstandserlebnisse zeigen sich auch auf gesamtwirtschaftlicher Ebene. Der Konsum nahm immer weiter zu. Die Ausstattung der Haushalte mit Konsumgütern verbesserte sich, ebenso der Kalorienverbrauch – von der Mangelernährung zum Übergewicht. Die Wohnungen und Autos wurden größer und luxuriöser. Mehr Menschen konnten in den Urlaub fahren – weitere Ziele, längere und häufigere Reisen kamen hinzu. Gleichzeitig nahm die Zeit ab, die für Erwerbsarbeit aufgewendet werden musste: Es gab mehr Urlaubtage und immer kürzere Wochenarbeitszeiten. Forderten die Gewerkschaften in den späten fünfziger Jahren unter dem Motto „Samstags gehört Vati mir" noch die 5-Tage Woche und eine Wochenarbeitszeit von 40 Stunden, sind heute flexible Arbeitszeitmodelle mit deutlich weniger als 35 Stunden anzutreffen. Der höhere Wohlstand zeigt sich auch daran, dass für die meisten Güter heute viel weniger gearbeitet werden muss als früher. Dies gilt natürlich besonders für Elektronikgeräte, die immer leistungsfähiger und preiswerter werden, aber auch für die meisten Grundnahrungsmittel und vieles andere mehr. Die medizinische Versorgung ist besser geworden, die Lebenserwartung gestiegen. Soziale Leistungen des Staates sind mit steigendem Wohlstand ausgebaut worden. Nicht, weil die Lage der meisten Menschen prekärer geworden wäre und sie in größerer Zahl auf den Staat als Nothelfer angewiesen gewesen wären, sondern weil die Ansprüche an staatliche Leistungen mit steigendem Wohlstand gewachsen sind und gleichzeitig die finanziellen Mittel über Steuereinnahmen (und staatliche Verschuldung) zur Verfügung standen. So wurden beispielsweise Verkehrsinfrastrukturen und das Bildungssystem umfassend ausgebaut, und damit wie-

derum eine Basis für späteres wirtschaftliches Wachstum
gelegt. Basis all dessen war nicht etwa staatliche Planung,
sondern der Wettbewerb der Unternehmen und ihrer
Mitarbeiter um die besseren und wirtschaftlich erfolg-
versprechenderen – und daher mit Gewinn entlohnten –
Lösungen.

Auch wenn die Beispiele bisher sehr deutsch waren
und der Begriff des Wirtschaftswunders eine gewisse Ein-
maligkeit suggeriert, ist die wettbewerbsbasierte Wohl-
standmehrung keine deutsche Besonderheit. Die meisten
westeuropäischen Länder konnten mit wettbewerblichen
Ordnungen Wohlstand entwickeln. Mittel- und ost-
europäische Länder konnten nachholen, als die kommunistische Diktatur mit ihrer planwirtschaftlichen Wirtschaftsweise abgelöst wurde. Dort, wo sich Clan- und
Vetternwirtschaft oder Oligarchien entwickelten, stand
und steht es hingegen weitaus schlechter um den Wohlstand der Bevölkerung. Auch die USA und Kanada oder
Südkorea und Japan sind Beispiele für Volkswirtschaften,
in denen Wettbewerb und Marktwirtschaft historisch un-
gekannten Wohlstand produziert haben. Selbst in China
ist dies zu beobachten, wo der Wettbewerb als Instrument
zur Wohlstandsmehrung innerhalb des Staatskapitalismus
zur Stabilisierung der Parteidiktatur eingesetzt wird. Alle
Länder haben unterschiedliche Wirtschaftssysteme. Natürlich weist der chinesische Staatskapitalismus grundlegende Unterschiede zu Marktwirtschaften auf. Aber auch
zwischen den marktwirtschaftlichen Ordnungen gibt es
Unterschiede: Von der französischen Planification zum
US-Kapitalismus und der starken Rolle der Unternehmens-
konglomerate und der staatlichen Initiative in Japan reicht
das Kaleidoskop der Marktwirtschaften. Allen gemein ist
die hohe Bedeutung des Wettbewerbs – und der stark ge-
wachsene Wohlstand.

Das Wohlstandsversprechen der Sozialen Marktwirtschaft ist mehr als eine reine Addition der Einkommen. Prosperität soll der gesamten Gesellschaft zugutekommen – „Wohlstand für Alle". Das bedeutet natürlich nicht Gleichverteilung der Einkommen und Vermögen, deutet aber eine gewisse Umverteilungspräferenz an. In Deutschland und den Vereinigten Staaten ist die Ungleichheit der Markteinkommen ähnlich hoch. Gehälter können also je nach Marktlage, Knappheit und Qualifikation differenzieren. Betrachtet man aber die Verfügbaren Einkommen, also nach Abzug der Steuern und nach Zahlung von Renten und Sozialleistungen, stellt sich Deutschland sehr viel gleicher da als die USA. Mit der gesetzlichen Rente bestehen Ansprüche auf Zahlungen im Alter, die ebenfalls einen sozialen Ausgleich darstellen. Wettbewerb allein kann das gesellschaftlich gewünschte Maß an Gleichheit nicht sicherstellen, hier sind staatliche Maßnahmen gefordert. Aber mit einer wettbewerblich aufgestellten Wirtschaft können die materiellen Voraussetzungen dafür geschaffen werden, dass ein Mehr an Wohlstand entsteht, von dem die Gesellschaft in ihrer ganzen Breite profizieren kann.

Globale Wohlstandsmehrung

Wettbewerb als Wohlstandsmotor ist ein globales Phänomen. Dass sich diese Verbindung an vielen Stellen der Welt zeigt, ist sicherlich kein Zufall. Zur wettbewerbsorientierten nationalen Wirtschaftsordnung kam eine globale Intensivierung des Wettbewerbs hinzu, die wir heute Globalisierung nennen. Dadurch wurde eine Kooperation und Arbeitsteilung über Ländergrenzen hinweg möglich, die weitere Wohlstandsmehrungen mit sich brachte.

Die Globalisierung wird gerne als Projekt von oder für international agierende Großkonzerne beschrieben, eher karikiert. Natürlich sind international tätige Firmen besonders sichtbar, insbesondere wenn es sich um populäre Konsumgüterhersteller handelt. Aber die Allgegenwärtigkeit von Coca-Cola, Starbucks und McDonalds ist nicht das, was die ökonomische Globalisierung ausmacht. Und schon gar nicht ist die Globalisierung ein Projekt, das von einigen Global Players erfunden und umgesetzt wurde.

Über die letzten Jahrzehnte ist die Weltwirtschaft immer enger zusammengewachsen. Die Beziehungen von Lieferanten und Weiterverarbeitern ist immer komplexer geworden und hat sich international ausdifferenziert. Der Welthandel ist schneller gewachsen als die Weltwirtschaft. Produktion ist global geworden. Schon zu Beginn des 20. Jahrhunderts war die Weltwirtschaft stark miteinander vernetzt. Mit der Phase des Protektionismus und der Weltkriegskatastrophen war diese frühere Globalisierung beendet. Erst in der zweiten Hälfte des letzten Jahrhunderts nahm der Welthandel wieder Fahrt auf.

Das, was wir heute als Globalisierung bezeichnen, nahm seinen Ausgangspunkt vor allem in den neunziger Jahren. Zu den Ursachen gehören zum ersten die niedrigen Transportkosten. Die Containerschifffahrt ist das Logistik-Rückgrat der Globalisierung. Für wertvolle und gleichzeitig leichte und kleine Güter übernimmt diese Rolle der internationale Frachtflugverkehr. Mit prohibitiv hohen Transportkosten wäre eine ausdifferenzierte globale Arbeitsteilung unmöglich. Die zweite Voraussetzung sind die dramatisch gesunkenen Telekommunikationskosten. Mit der Öffnung der Telefonmärkte ist das internationale Telefonieren billig geworden. Die Digitalisierung, also der Siegeszug des Internets, hat die Kosten der Abstimmung über Ländergrenzen und Kontinente hinweg praktisch verschwinden lassen. Ob der Lieferant im Nachbarort oder am anderen Ende der Welt ist, spielt eine deutlich kleinere Rolle als früher. Beides sind im Wesentlichen technologische und preisliche Voraussetzungen. Der dritte Faktor, auf dem die Globalisierung basiert, ist hingegen ein regulatorischer oder politischer: Der Abbau von Handelsbarrieren hat dem internationalen Austausch einen Schub gegeben.

Spätestens seit dem Inkrafttreten des Allgemeinen Zoll- und Handelsabkommens (GATT) 1948 gab es ein institutionelles Gerüst zur Stärkung des internationalen freien Handels. Die Verhandlungen im Rahmen der Uruguay-Runde bis hin zur Gründung der Welthandelsorganisation (WTO) 1994 gaben dem Welthandel einen neuen Rahmen. Zölle wurden gesenkt, andere Handelshemmnisse begrenzt. Für Handelskonflikte wurde ebenfalls ein Rechtsrahmen und ein Streitschlichtungsverfahren geschaffen. All dies ist nicht perfekt. Abkommen über Marktöffnungen sind vielfach gescheitert; der Umgang mit Arbeits-, Sozial- und Umweltstandards ist ein weiterhin ungelöstes aber bedeutsamer werdendes Problem. Bei allen Unzulänglichkeiten ist mit dieser globalen Wettbewerbsordnung ein Set von Spielregeln geschaffen worden. Für die Unternehmen ist damit der internationale Handel preiswerter und berechenbarer geworden. Gleichzeitig ist die Zahl der Volkswirtschaften, die sich in die internationalen Wirtschaftskreisläufe eingegliedert haben, massiv angestiegen. Entscheidend dafür war die Wende 1989/1990.

Mit dem Zusammenbruch des Kommunismus und der Planwirtschaften rund um das Jahr 1990 haben sich vor allem die Länder Ost- und Mitteleuropas sowie Staaten in Asien für den Weltmarkt geöffnet. In der Planwirtschaft war der Warenaustausch mit dem Westen marginal. Die Sowjetunion exportiere Rohstoffe nach Europa, IKEA und andere Unternehmen ließen in der DDR und anderen Ländern produzieren. Die Planwirtschaften verdienten damit westliche Währung, die sie für dringend notwendige Importe benötigten. Eine systematische Einbindung in die internationale Wirtschaft hatte es aber nicht gegeben – die eingeschränkte Wettbewerbsfähigkeit hätte dies auch kaum möglich gemacht. Mit der Wende hin zu Marktwirtschaften veränderte sich das grundlegend. Vor allem die Volkswirtschaften Mittel- und Osteuropas konnte sich schnell integrieren und wurde zu erfolgreichen Produktionsstandorten. Der Beitritt zur Europäischen Union und damit der unbeschränkte Zugang zum europäischen Binnenmarkt haben diesen Prozess erheblich beschleunigt. So ist beispielsweise die deutsche Automobilindustrie eng mit Polen, Tschechen und anderen Ländern verbunden, in denen umfassend produziert wird.

Auch China hat sich der Weltwirtschaft geöffnet und der Globalisierung damit einen Schub gegeben. Unter Beibehaltung der kommunistischen Einparteienherrschaft wurden kapitalistische Strukturen eingeführt und zur gezielten Wohlstandssteigerungen genutzt. Der Prozess setzte unter Deng Xiaoping ab 1978 ein. Richtig Fahrt nahm die Entwicklung aber erst nach der Jahrtausendwende auf. Zwischen 2005 und 2015 hat sich das nominale Bruttoinlandsprodukts Chinas verfünffacht. Das Reich der Mitte wurde zu einem dynamisch wachsenden Motor der Weltwirtschaft. Jährliche Wachstumsraten von zehn Prozent waren keine Seltenheit. China wurde ein boomender Markt und bot ein Absatzpotenzial ohne gleichen für westliche Unternehmen. Gleichzeitig wurde China zur Werkbank der Welt. Niedrige Löhne in Kombination mit modernen Anlagen machten das Land zu einem attraktiven Produktionsstandort. Sowohl auf der Import- wie der insbesondere auch der Exportseite wurde China zu einem der wichtigsten Akteure und damit ein Knotenpunkt der Globalisierung.

Die Globalisierung ist mehr als nur eine wirtschaftliche Reaktion auf verbesserte technologische und preisliche Bedingungen. Sie basiert zu gleich auf westlichen, freiheitlichen und marktwirtschaftlichen Werten. Freier Handel auf Basis gemeinsamer Regel und unverzerrt von staatlichen Interventionen ist nicht nur nützlich, sondern folgt einem Werteverständnis, wie es in westlichen Demokratien verwirklicht ist. Hier zeigt sich im internationalen Kontext, dass eine freiheitliche Ordnung eng verbunden ist mit einer auf Wettbewerbsprinzipien basierenden marktwirtschaftlichen Wirtschaft. Auch wenn die Globalisierung als Projekt des Westens bezeichnet werden kann, ist sie kein Projekt gegen andere Traditionen oder gegen den Wohlstand in anderen Ländern. Vielmehr ist implizit eine Einladung ausgesprochen, sich ebenfalls in den internationalen wirtschaftlichen Austausch zu integrieren und damit die wohlstandssteigernde Wirkung der Globalisierung zu nutzen. Freier Handel und damit Wettbewerb ist kein Nullsummenspiel, bei dem der eine verliert, was der andere gewinnt. Es ist vielmehr ein Positivsummenspiel, bei dem zusammen mehr erreicht werden kann.

Die Globalisierung hat zu mehr internationaler Arbeitsteilung und mehr Wettbewerb geführt. Unternehmen können sich ihre Lieferanten weltweit suchen, wenn der Handel weder durch Restriktionen noch durch zu hohe Transport- und Kommunikationskosten behindert wird. Die Einbindung globaler Lieferanten erfordert neben direkter Kommunikation und kultureller Kompetenz auch die Fähigkeit, schnell vor Ort zu sein, Lieferanten zu kontrollieren und so zu entwickeln, dass sie den erforderlichen Qualitäts- und Nachhaltigkeitsstandards entsprechen. Durch die größere Auswahl an Lieferanten können besser spezialisierte Anbieter gefunden, günstigere Kostenstrukturen genutzt oder eine Mehrzahl an Lieferanten zur Absicherung der eigenen Produktion eingebunden werden. Unternehmen können umgekehrt aber auch weltweit nach Kunden suchen und die eigenen Produkte anbieten. Damit vervielfacht sich das Absatzpotenzial der Unternehmen. Für skalierbare Produkte, die also digital vervielfältigt oder in Massenproduktion hergestellt werden können, ist das ein unschätzbarer Vorteil.

Endverbraucher erleben durch die internationale Arbeitsteilung, die durch die Möglichkeiten der Globalisierung weiter vorangetrieben worden ist, ein Mehr an Auswahl und günstigere Produkte. Über den Online-Handel kann heute praktisch weltweit bestellt werden. Auch das Angebot von Supermärkten ist vielfach ähnlich geworden; schließlich sind nationale Grenzen nicht mehr unüberwindbar. Es gibt also nicht nur mehr Produktauswahl, sondern auch günstigere Preise. Würde beispielsweise ein Mittelklassefahrzeug vollständig in Deutschland produziert werden, wäre dieses Auto für die Kunden kaum zu bezahlen – und für den Verkauf an internationale Kunden, also den Export, wäre es auch nicht geeignet. Standorte mit niedrigeren Lohnkosten werden gerade in arbeitsintensiven Produktionsschritten genutzt, um die Gesamtkosten tragbar zu halten. Für die betroffenen Länder bedeutet dies zusätzliche Arbeitsplätze sowie Einkommensmöglichkeiten und damit Chancen für wirtschaftlichen Fortschritt.

Viele Unternehmen zeigen, dass die Vergrößerung des Marktes neue Chancen im Wettbewerb eröffnen. Oftmals werden zunächst die Risiken gesehen, wenn Anbieter aus billigeren Standorten ohne Behinderungen ihre Waren nach einführen dürfen. Gerade Deutschland ist aber wie kaum ein zweites Industrieland in die internationalen Wertschöpfungsnetze eingebunden. Hohe Import- und Exportanteile zeigen dies. Viele Unternehmen brauchen die Welt als Markt. Dies gilt insbesondere für viele der Hidden Champions –

traditionsreiche, oftmals familiengeführte mittelständische Unternehmen außerhalb der großen Metropolen. Diese leben vielfach nicht von einer breiten Produktpalette, sondern von einer besonderen Spezialisierung. Für hoch spezialisierte Produkte gibt es nur einen kleinen Markt. Spezialisierung erfordert aber auch eine ausreichende Marktgröße, um die Entwicklungen und die entsprechenden Know-how-Träger auch bezahlen zu können. Diese kosten müssen von den Produkten beziehungsweise den Kunden getragen werden. Wenn der Kundenkreis zu klein ist, werden die Produkte zu teuer, sodass die Spezialisierung nicht wirtschaftlich ist. Erst durch den Zugang zu den Weltmärkten, also durch die Globalisierung wird der Kundenkreis groß genug, dass auch ein hochspezialisierter Anbieter in einer kleinen Nische erfolgreich sein kann. Je kleiner die Nische ist, desto größer muss die regionale Ausdehnung des Marktes sein. Ohne die Globalisierung würde es die Fähigkeiten nicht geben, der technische Fortschritt wäre verlangsamt. Und viele deutsche Mittelständische Unternehmen würden nicht im Wettbewerb bestehen können. Erst durch die Globalisierung sind die Grundlagen dafür entstanden, dass diese Geschäftsmodelle erfolgreich sein können.

Wettbewerb bringt Wohlstand. Und internationaler Wettbewerb bringt internationalen Wohlstand. Die Globalisierung hat viele Länder der Welt wohlhabender gemacht, als sie ohne den Welthandel geworden wären. Das gilt natürlich ganz besonders für die Volkswirtschaften, die mit großem Rückstand gestartet sind und erst einmal in die internationale Arbeitsteilung integriert werden mussten. Anderen Staaten fehlt es (noch) an den Voraussetzungen für die Teilnahme am internationalen Wettbewerb. So sind viele afrikanische Länder weiterhin nur rudimentär Teil der globalen Wertschöpfungsnetzwerke.

Natürlich gibt es nicht nur Gewinner. Ebenso wie national die Verteilung des geschaffenen Wohlstands immer die gewünschte Form annimmt und daher staatliche Umverteilung in unterschiedlicherem Umfang vorgenommen wird, kann es auch im internationalen Wettbewerb Gewinner und Verlierer geben. Dabei profitieren vom freiwilligen Handel immer beide Partner – sonst würden sie den Deal nicht eingehen. Aber die damit verbundene Ausweitung des Wettbewerbs kann dazu führen, dass bestimmte Unternehmen nicht mehr wettbewerbsfähig sind, dass die Qualifikation von Mitarbeitern entwertet wird und dass ganze Regionen unter Produktions- und Beschäftigungseinbußen leiden. Wie gut mit diesen Problemen umgegangen wird und in welchem Umfang die nationalen Gewinne zur Kompensation der Verlierer genutzt werden, liegt in der Entscheidung der jeweiligen Gesellschaft beziehungsweise Regierung. Klar ist jedoch, dass die Verlierer und damit die Kosten des Wettbewerbs gut sichtbar sind und konzentriert vorkommen, während der Nutzen sich breiter verteilt und nicht unmittelbar sichtbar ist, wenn er überhaupt seriös gemessen werden kann.

Dort, wo es Verlierer im Wettbewerb gibt, gibt es auch immer Anlass zur Kritik. Doch statt diese an die nationalen Maßnahmen zur Qualifizierung, zur Unternehmensgründung oder zur Umverteilung zu richten, wird der Wettbewerb selbst, konkret der internationale Wettbewerb, als Ziel der Angriffe identifiziert. Die Regionen mit den großen Verlusten an industrieller Wertschöpfung in den USA lieferten die Begründung für protektionistische Maßnahmen der US-Regierung. Dass Teile der Produktion an anderen US-Standorten aufgebaut wurden und dass ohne eine Arbeitsteilung mit Mexiko mit seinen niedrigeren Lohnkosten eine wettbewerbsfähige Produktion nicht möglich wäre, wird dabei gerne übersehen. Nicht jeder kann im

Wettbewerb gewinnen. Und der Umgang mit den Verlusten und Verlierern ist vielfach zu wenig ernst genommen worden. Aber ohne Wettbewerb verlieren alle.

Mehr Wettbewerb ist auch durch die europäische Integration entstanden. Der Binnenmarkt ist wie eine Globalisierung im Kleinen – nur noch weitergehend. Die Regeln für den Marktzutritt sind für alle Unternehmen weitgehend gleich, egal woher sie kommen. Zölle gibt es innerhalb der Europäischen Union nicht, andere versteckte Handelsbeschränkungen werden von der Kommission bekämpft, um den Binnenmarkt weiter zu vollenden. Auch dieses Mehr an Wettbewerb hat zum Wohlstand in Europa beigetragen. Als heimische Markt steht Europa für alle Unternehmen offen, nicht nur der jeweilige Nationalstaat. Dadurch können Skalierungen ermöglicht und Kosten besser verteilt werden. Normen müssen nur einmal erfüllt werden, bürokratische Lasten im innergemeinschaftlichen Warenverkehr sind deutlich reduziert. Der Binnenmarkt, der auch als zentrales Kernstück der europäischen Integration angesehen werden kann, war und ist ein erfolgreiches Wettbewerbs- und Wachstumsprogramm für die Volkswirtschaften Europas.

Wir wirksam das Prinzip des Wettbewerbs zur Wohlstandsmehrung ist, zeigt sich daran, dass auch diejenigen den Wettbewerb als Instrument einsetzen, die eigentlich dezentral organisierten Marktwirtschaften ideologisch ablehnend gegenüberstehen. So hatten die Planwirtschaften in der Sowjetunion und der anderen kommunistischen Staaten mit Elementen eines Konkurrenzsozialismus experimentiert. Hier sollte Wettbewerb simuliert werden. Auch die aus der DDR bekannten Auszeichnungen für Planerfüllung oder andere Leistungen zeigt, dass wettbewerbliche Anreize auch im Sozialismus als wirksam angesehen wurden. Der prägnanteste Fall ist jedoch China. Auch hier wurde von einer kommunistischen Parteidiktatur Wettbewerb genutzt, um Wohlstand zu produzieren. Nicht, um der Idee der wirtschaftlichen Freiheit Geltung zu verschaffen, sondern um durch den zunehmenden Wohlstand die Akzeptanz der kommunistischen Diktatur abzusichern. Und der Ansatz hatte Erfolg, wie es an dem rasanten Wachstum der Wirtschaftsleistung – insbesondere an der Pazifikküste – zu erkennen ist. Dass das chinesische Vorgehen nicht viel mit der Idee eines unverfälschten und daher Effizienz erzeugenden Wettbewerbs zu tun hat, sondern dass Manipulationen eingesetzt werden, wenn sie im chinesischen Interesse sind, steht auf einem anderen Blatt. Wie das kommunistische Leitbild der materiellen Gleichheit der Menschen mit der Herausbildung von mächtigen Multimilliardären zusammenpasst auch.

4

Wettbewerb nützt Verbrauchern

Der Konsument als Souverän

Versuchen wir einmal konkreter zu werden. Dass der Wettbewerb für Wachstum sorgt und damit Arbeitsplätze und Steuereinnahmen erzeugt – schön und gut. Aber wie profizieren denn nun die Verbraucher? Wenn es überall auf der Welt das gleiche Angebot gibt, ist das ein Vorteil? Coke, Starbucks und McDonalds sind weltweit präsent. Die Luxusstraßen aller großen Weltmetropolen sind voll von den immergleichen Läden von Gucci, Louis Vuitton und Tiffany. Ist das der Fortschritt des Wettbewerbs und der Nutzen für den durchschnittlichen Verbraucher? Sicher nicht. Oder zumindest nicht nur.

Um diese Frage zu beleuchten, geht es noch einmal einen Schritt zurück. Warum sollte Wettbewerb zwischen Unternehmen denn überhaupt hilfreich für den Konsumenten sein? Es geht doch am Ende für jede Firma darum, möglichst viel Gewinn zu machen, also auch möglichst hohe

H. Bardt, *Wettbewerb!*, https://doi.org/10.1007/978-3-658-39731-9_4

Preise von den Kunden zu verlangen. Das Gewinnstreben, dass einer Marktwirtschaft und damit einer auf Wettbewerb basierten Wirtschaft zugrunde liegt, führt doch zu einer Maximierung des Gewinns beim Anbieter – Produzenten oder Händler – aber nicht beim Endverbraucher. Ein Unternehmen muss sich am Ende daran messen lassen, ob es Geld verdient und damit das eingesetzte Kapital angemessen verzinst hat. Der Kunde kommt in dieser Zielfunktion nicht wirklich vor. Auch wenn sich viele Firmen auf die Fahnen schreiben, für ihre Kunden die besten Leistungen bringen zu wollen, zählt am Ende doch das Geschäft für das Unternehmen selbst. Den Kunden glücklich zu machen, wäre ein verheerendes Unternehmensziel. Der Kunde ist dann am zufriedensten, wenn er für eine gute Leistung nichts zahlen muss. Leistung ohne Rechnung ist für das anbietende Unternehmen aber natürlich eine Katastrophe, zumindest aber kein dauerhaft tragfähiges Geschäftsmodell. Per se sind Unternehmen nicht auf das Gemeinwohl ausgerichtet, sondern verfolgen eigene Interessen – beziehungsweise die finanziellen Interessen ihrer Eigentümer und Investoren und über die Gehaltszahlungen auch der Mitarbeiter.

Und dennoch stehen die Konsumenten in einer wettbewerblich organisierten Ordnung im Mittelpunkt des gesamten Wirtschaftens. Das liegt aber nicht an den unmittelbaren Zielen der Unternehmen, sondern an den Prinzipien eines marktwirtschaftlichen und wettbewerblich basierten Wirtschaftssystems. Der dahinter liegende Grundsatz heißt Konsumentensouveränität; der zentral wirkende Mechanismus ist der Wettbewerb. Konsumentensouveränität bedeutet, dass der Konsument frei in seiner Konsumentscheidung ist und die Abwägung treffen muss, für welches Konsumgut der geforderte Preis gezahlt werden soll. Niemand kann zum Kauf eines Produkts gezwungen werden. Der Konsument entscheidet, ob und welches Produkt gekauft wird und welcher Anbieter einer Ware oder einer Dienstleistung das Geschäft machen kann. Der Konsument ist souverän in seiner Entscheidung, wie, wofür uns bei wem er seine Kaufkraft einsetzen will.

Damit ist der Konsument zugleich der Souverän des gesamten Wirtschaftsprozesses. Mit einer Konsumentscheidung werden komplexe Ketten von Vorprodukten berührt. Die unüberschaubare Vielzahl von Produkten, die von Unternehmen hergestellt werden, lässt sich entsprechend ihrer Position auf der Wertschöpfungskette platzieren. Rohstoffe und Grundstoffe stehen am Anfang. Aus zahlreichen Halbzeugen und Zwischenprodukten werden andere Zwischenprodukte und Komponenten gebaut, die wiederum in Fertigwaren oder Konsumgütern eingehen. Erst diese werden von Endverbrauchern konsumiert, die damit über den Erfolg und Misserfolg der gesamten Wertschöpfungskette entscheiden. Ein Zwischenprodukt, dass nicht mehr benötigt wird, weil das Endprodukt keinen Erfolg hat, wird ebenfalls nicht mit guten Verkaufsergebnissen belohnt. Der Konsument als Souverän ist damit letztlich verantwortlich für die gesamte Wertschöpfungskette.

Die Souveränität des Konsumenten kann aber nicht unbegrenzt wirken. Die Komplexität der Ketten verhindert, dass der Endverbraucher wirklich einen guten Überblick über das hat, was während der zahlreichen Schritte passiert, die zwischen Rohstoff und Endprodukt liegen. Was immer einen direkten Einfluss auf das Konsumgut hat und darin nachweisbar ist – Inhaltsstoffe, Funktionalitäten, Qualitäten, Images oder Designs – kann vom Endverbraucher beurteilt werden. Der Überblick über Zulieferer, die realen Arbeits- und Sozialbedingungen innerhalb der Kette oder auch Umweltstandards auf den Vorstufen können hingegen nicht umfassend beurteilt werden. Einzelne Aspekte können von Nichtregierungsorganisationen oder Medien aufgegriffen werden; Zertifizierungssysteme können die ganze Kette in den Blick nehmen. Dennoch bleibt eine Vielzahl von Produktionsschritten und Bewertungskriterien, die es für den Konsumenten unmöglich machen, alle Faktoren im Blick zu behalten. Für die Merkmale mit besonderer Bedeutung, die bei der Auswahl der jeweiligen Endprodukte prioritär berücksichtigt werden, kann der Einfluss allerdings wirksam gemacht werden.

Erst mit dem Mechanismus des Wettbewerbs kann Konsumentensouveränität wirksam werden. Anbieter von Waren und Dienstleistungen versuchen, die (potentiellen) Kunden von dem eigenen Produkt zu überzeugen. Dazu müssen die Bedürfnisse der Kunden bestmöglich getroffen werden. Bestimmte Produkteigenschaften, Haltbarkeiten, Aussehen und Qualitäten gehören traditionell dazu. Zunehmend sind auch Produktionsweisen für Teile der Verbraucher relevante Auswahlkriterien. Schon seit längerem nimmt die Haltungsform von Tieren in der Lebensmittelproduktion oder der Einsatz von Pestiziden im Ackerbau einen wichtiger werdenden Platz unter den Kriterien zur Kaufentscheidung bei. Biolebensmittel finden sich infolgedessen nicht mehr nur in darauf spezialisierten Fachgeschäften, sondern auch als kostengünstiges Angebot in Discountern, die mit einem relativ beschränkten Angebot auf den Geschmack des preisbewusstes Massenpublikum ausgerichtet sind. Weitere Produktionsmerkmale wie die Umweltauswirkungen von zugelieferten Komponenten oder die Arbeitsbedingungen und Löhne in weniger entwickelten Produktionsländern spielen ebenfalls eine wichtiger werdende Rolle. Fair Trade-Produkte zeichnen sich schon seit Jahrzehnten dadurch aus, dass sie höhere Löhne oder Vergütungen für Lieferanten, beispielsweise Kaffee- oder Kakaobauern, versprechen. Die indirekten Wirkungen des Konsums, die sich in den Aktivitäten der Unternehmen entlang der Lieferkette in ökologischer und sozialer Perspektive ausdrücken, wird zunehmend gesetzlich geregelt, wird aber auch für Konsumenten bedeutsamer – und damit für die Produzenten. Wenn der Souverän Priorität auf bestimmte Eigenschaften legt, passt sich die Produktionskette entsprechend an. Besonderes Augenmerk unter den Wirkungen der Produktion wird auf die Treibhausgasemissionen gelegt. Hier lassen sich – zumindest prinzipiell – die Emissionen auf den unterschiedlichen Wertschöpfungsstufen summieren und sich damit der entsprechende Fußabdruck eines Produkts berechnen. Auch wenn eine genaue Berechnung aufgrund zahlreicher Intransparenzen nicht möglich ist, kann doch eine ungefähre und pauschalierte Abschätzung bei der Konsumentscheidung helfen.

Von einem wichtigen Faktor bei den meisten Kaufentscheidungen war bisher noch gar nicht die Rede – dem Preis. „Geiz ist geil" wird immer wieder als Anklage gegen Konsum in der Wohlstandsgesellschaft vorgebracht. Es gehe nur darum, möglichst billig zu konsumieren. Gerade landwirtschaftliche Produkte wie Fleisch und Milch werden als Beispiele für skandalöses Konsumverhalten zu Lasten der Produzenten (und der Nutztiere) ins Feld geführt. Aber geht es immer nur um das „billiger"? Der Preis ist jedenfalls mehr als eine weitere beliebige Produkteigenschaft. In der Zahlungsbereitschaft des Konsumenten, also dem Preis, den er oder sie für den Kauf zu zahlen bereit ist, drückt sich der Gesamtnutzen des Produkts – mit all seinen direkten und indirekten Eigenschaften – aus. Die Zahlungsbereitschaft summiert und bewertet alle positiven und negativen Merkmale aus Sicht des jeweiligen Verbrauchers, der eine Konsumentscheidung zu fällen hat. Wenn die Eigenschaften aller Angebote sehr ähnlich sind, wie beispielsweise bei Strom, wird der Preis zu einem entscheidenden Wettbewerbsfaktor. Sobald niedrige Kohlendioxid-Emissionen in der Stromproduktion für einen Kunden relevant sind, steigt die Zahlungsbereitschaft und ein Anbieter hat die Möglichkeit, Ökostrom als wertvolleres und teureres Produkt anzubieten. Ob die höhere Zahlungsbereitschaft wirklich da ist, oder nur in Umfragen vorgegeben wird, und ob sie ausreichend hoch ist, um die Mehrkosten zu tragen, steht auf einem anderen Blatt. Nicht jede spezielle Nachfrage kann in einer Marktwirtschaft befriedigt werden. Wenn aber genug Konsumenten mit ähnlichen Konsumwünschen und ähnlichen Anforderungen an Produktion und Produkte zusammenkommen, stehen die Chancen nicht schlecht.

Eine Wahl zwischen mehreren Produkten mit unterschiedlichen Eigenschaften sowie unterschiedlichen Produktionsweisen und den entsprechenden Wirkungen haben die Verbraucher aber nur dann, wenn es Wettbewerb zwischen den Anbietern gibt. In einer Monopolsituation oder einer Planwirtschaft, gibt es diese Auswahlmöglichkeiten nicht. Der Verbraucher muss das angebotene Produkt so nehmen, wie es ist, und kann sich keine bessere Alternative suchen. Natürlich kann auch in einer Marktwirtschaft ein Anbieter von Massenwaren nicht jeden Wunsch erfüllen, aber er muss sich auf das einstellen, was die Konsumenten zu kaufen bereit sind. Alternativ droht die Abwanderung zum nächsten Anbieter. Der Wettbewerb zwingt die Produzenten dazu, ihre Produkte so zu gestalten und ihre Lieferkette so zu organisieren, dass die Wünsche der Verbraucher in Abwägung von Eigenschaften und Kosten bestmöglich abgebildet werden. Besonders spannend wird es da, wo diese Wünsche nicht einheitlich sind. Denn genau dann entstehen die Möglichkeiten, im Wettbewerb unterschiedliche Variationen auszuprobieren, neues zu wagen und differenzierte Angebote zu machen. Der Kunde entscheidet im Wettbewerb, was aktuell gefordert wird. Die Anbieter müssen sich darauf einstellen und die Wünsche ihrer Kunden möglichst gut antizipieren. Nur durch den Wettbewerb und die Möglichkeit, ein schlechtes Angebot durch Nicht-Kauf und Abwanderung zur Konkurrenz zu sanktionieren, wird der Konsument zum Souverän des Wirtschaftsprozesses.

Kein Konsument kann alle Eigenschaften eines Produktes und alle Produktionsbedingungen kennen, schon gar nicht von mehreren Anbietern und bei der Vielzahl von Konsumgütern, die gewollt, bewertet und schlussendlich eventuell gekauft werden. Die Anbieter versuchen, dies durch gezielte Information zu nutzen, indem sie bestimmte Eigenschaften ihrer Produkte herausstellen und durch die Möglichkeiten der Werbung ein positives Bild erzeugen, das möglichst viele Verbraucher zum Kauf animieren soll. Dabei haben die Anbieter einen Informationsvorteil, da sie die Eigenschaften der Produkte und die Produktionsbedingungen kennen. Auch wenn das Wissen über die gesamte Wertschöpfungskette sehr unvollständig ist, sind sie dennoch strukturell besser informiert als die Nachfrager, deren Interesse sich zudem auf eine Vielzahl von Gütern verteilt. Damit sind die Anbieter in der Lage, die positiven oder für viele Konsumenten besonders attraktiven Merkmale des Produktes hervorzuheben und die Schwachpunkte oder kritische Gegebenheiten im Hintergrund verschwinden zu lassen. Der Vorwurf des „Greenwashing", also der kommunikativen Präsentation als umweltfreundliches Unternehmen ohne tatsächliche Substanz, lässt sich so beschreiben. Bestimmte, möglicherweise real wenig relevante umweltfreundliche Aktivitäten werden so stark beworben, dass relevantere umweltschädlichere Verhaltensweisen in der Wahrnehmung überstrahlt werden.

Konsumentscheidungen brauchen, wenn sie angemessen sein sollen, aber eine adäquate Informationsgrundlage. Viele Käufe sind spontan, eindeutig oder auf wenige Produkteigenschaften fokussiert, sodass der Aufwand für eine tiefere Analyse von Qualitäten und problematischen Eigenschaften in keinem vernünftigen Verhältnis zu ihrer Bedeutung haben. Wenn „falsche" Konsumentscheidungen nur minimale Konsequenzen haben, sollte kein hoher Suchaufwand betrieben werden. Aber sowohl Routineentscheidungen als auch intensivere Abwägungen können durch kommunikative Arrangements vereinfacht und objektiviert werden. Dazu gehört auf Anbieterseite die Markenbildung, da mit einer starken Marke eine bestimmtes Qualitätsversprechen verbunden sein kann. Standards, Siegel und Zertifikate, die an bestimmte Produkteigenschaften und Prozessbedingungen geknüpft sind, können eine objektive Bestätigung sein. Zur Stärkung der Nachfrager dienen Tests, Verbrauchertipps, Beratungsangebote oder auch Bewertungsportale. Damit werden Informationskosten reduziert und Konsumentscheidungen objektiviert. Zwar bleiben immer eine Restunsicherheit und Käufe, die im Nachhinein als Fehlkäufe beurteilt werden müssen. Absolute Objektivität und vollständiges Wissen sind unmöglich. Dennoch sind wohl informierte Verbraucher eine Voraussetzung dafür, dass Wettbewerb seine eigentliche Funktion erfüllen kann, nämlich für eine bessere Ausstattung der Nachfrager mit Produkten beizutragen, die ihren Wünschen und Vorstellungen entsprechen.

Auswahl und Macht

Wettbewerb ist dann ein Mechanismus für eine bessere Versorgung der Konsumenten mit Waren und Dienstleistungen, wenn diese souverän über Kauf und Nicht-Kauf entscheiden können. Wettbewerb basiert auf der freien Wahl der Partner. Nur so ist es möglich, dass sich die Verbraucher jeweils die für sie beste Option auswählen und in keine Konsumentscheidung einwilligen müssen, die ihren Interessen widerspricht. In einen freien Tausch wird sowohl der Käufer als auch der Verkäufer nur dann eingehen, wenn sich beide damit bessergestellt sehen. Dabei geht es nicht darum, ob sie einen größeren oder kleineren Vorteil als der Handelspartner haben, sondern ob sie sich mit dem Geschäft besserstellen als ohne, beziehungsweise besser als mit der nächstbesten Option. Handel ist für beiden Seiten von Vorteil. Nur dann sind die Verbraucher in der Position, dass sich die Anbieter im Wettbewerb um die Nachfrage bemühen und der Wettbewerb zu Gunsten der Konsumenten wirkt.

Freier Tausch als Voraussetzung für Wettbewerb bedeutet aber auch, dass Machtpositionen auf der Anbieterseite diesen Mechanismus stören können. Wenn Verbraucher Ihre Anbieter nicht wählen können, können sich ihre Interessen auch nicht durchsetzen. Wenn dem Unternehmen die Kunden sicher sind, geht es weniger darum, die Kunden durch guten Service und gute Produkte zu pflegen, als vielmehr darum, möglichst hohe Preise zu erzielen. Ohne Wettbewerb können Anbieter ihre Marktmacht missbrauchen, wenn die Verbraucher auf die Produkte angewiesen sind. Monopole, Kartelle oder auch technische und rechtliche Zwänge können Wettbewerb ausschalten. Diese zu verhindern und den Wettbewerb zu Gunsten der Nachfrager aufrecht zu erhalten ist eine zentrale staatliche Aufgabe in der Sozialen Marktwirtschaft. Wettbewerb passiert nicht von allein, er muss gesichert werden.

„Der Kunde ist König", so lautet ein traditionelles Sprichwort. Der wohl informierte und in seiner Entscheidung freie Konsument als Souverän spiegelt dieses Bild wider. Aber wie kann sich der Wettbewerb nun positiv für den Verbraucher auswirken? Warum lohnt es sich, den

Aufwand, der mit dem Vergleich verschiedener Angebote verbunden ist, auf sich zu nehmen und den Wettbewerb damit zu nutzen?

Die einfachste Antwort lautet: Verbraucher profitieren von niedrigeren Preisen. In einem Monopol hat der Kunde nur eine Entscheidung: Kaufen oder nicht kaufen. Die Option „Woanders kaufen" besteht nicht. Wenn das Produkt aber benötigt wird, ist die Entscheidung zu Gunsten von Kaufen praktisch schon gefallen, bevor es überhaupt um den Preis geht. Für den Monopolisten ist das eine wunderbare Situation. Er kann den Preis erhöhen, ohne dass der Kunde abspringt. Völlig grenzenlos ist der Preissetzungsspielraum zwar nicht – irgendwann wird die Nachfrage zurückgehen. Aber Monopolgewinne in beträchtlichem Umfang sind dennoch zu erwarten. Im Wettbewerb gibt es die hingegen die Auswahl von Anbietern. Wenn der eine einen höheren Preis verlangt, kann ich als Nachfrager zu dem anderen gehen. Das schränkt die Spielräume der Unternehmen ein, Preise nach eigenem Gutdünken zu erhöhen. Das Internet und vor allem die Preisvergleichswerkzeuge haben bei vielen Konsumgütern für Transparenz gesorgt. Auch komplexere Produkte sind vergleichbarer geworden. Der Händler vor Ort konkurriert mit dem Händler am anderen Ende des Landes (bei dem aber zumindest noch Versandkosten mit einzurechnen sind). Damit hat sich der Preiswettbewerb zu Gunsten der Verbraucher intensiviert. Diesen Vorteil können die Kunden aber nur dann nutzen, wenn sie sich tatsächlich in ausreichender Zahl am Preis orientieren und eine entsprechende Auswahl treffen. Beispiel Strom: Seit Ende der neunziger Jahre können Privathaushalte ihren Stromanbieter frei wählen. Der Aufwand für Vergleich und Wechsel ist dank diverser Vergleichsportale im Internet gering. Der wesentliche Unterschied ist – abgesehen von den durchschnittlichen Treibhausgasemissionen – der Preis. Wenn die Kunden schnell auf Preisunterschiede reagieren und immer wieder überprüfen, ob ihr Lieferant der günstigste ist, müssen die Unternehmen Preissenkungsspielräume schnell weitergeben. Wenn die Verbraucher hingegen träge sind und unabhängig von den Kostenvergleichen bei ihrem traditionellen Lieferanten bleiben, lassen sie Gewinnmitnahmen zu und profitieren nicht so stark von sinkenden Preisen, wie es eigentlich möglich wäre.

Günstige Preise für die Kunden kommen aber auch daher zustande, dass intensiver Wettbewerb zu Effizienz zwingt, während Monopolsituationen oftmals mit höheren Kosten innerhalb der Monopolisten einhergehen. Ein Teil der höheren Monopolpreise kann also gar nicht als Gewinn verbucht werden, sondern geht als Mehraufwand verloren. Im Monopol – und gleiches gilt für Kartelle mit einheitlichen Preisen und aufgeteilten Märkten – kann ein Anbieter kaum zusätzliche Kunden durch niedrigere Preise gewinnen und auch nur geringe Nachteile durch höhere Kosten erleiden. Solange der Monopolpreis, der durchgesetzt werden kann, auskömmlich ist und der Gewinn nicht durch die Ineffizienzen aufgefressen wird, bleibt der Monopolist am Markt. Wettbewerbsunternehmen hingegen müssen stets an ihrer preislichen Wettbewerbsfähigkeit arbeiten, dafür effizienter werden und die Vorteile der gesenkten Kosten in Form von niedrigeren Preisen an ihre Kunden weitergeben.

Wettbewerb ist aber nicht nur eine Preissenkungsmaschine, sondern sorgt vor allem für bessere Leistungen. Unternehmen können durch verbesserte Leistungen attraktiv für neue und bestehende Kunden sein. Dies können zusätzliche Leistungen sein. Aber auch das genaue Treffen des gewünschten Leistungsniveaus schafft einen Vorteil. Autohersteller gehen diese Aufgabe so an, dass sie zum einen durch immer bessere Systeme versuchen, die Attraktivität ihrer Produkte zu verbessern. Gleichzeitig werden die unterschiedlichsten Ausstattungsmerkmale über lange Listen von Sonderausstattungen angeboten, mit denen die Basismodelle aufgewertet werden können. Als Käufer kann man das Auto nach eigenem Gutdünken konfigurieren. Was wichtig ist, wird in das Paket aufgenommen. Was überflüssig ist oder zumindest den geforderten Preis aus Kundensicht nicht wert ist, wird nicht mitbestellt. Aber auch jenseits der Autoindustrie versuchen viele Unternehmen, über die Fähigkeiten und Qualitäten ihrer Produkte zu punkten und Kunden anzuziehen. Dies gilt beispielsweise für Hotels und Reiseveranstalter, aber auch für Elektronikhersteller und Einzelhändler. Das Angebot wird an die Wünsche und Zahlungsbereitschaften der Nachfrage angepasst. Wenn das nicht gelingt, droht Verlust und irgendwann der Marktaustritt. Wenn das eine Restaurant mit gutem Essen und gutem Service punktet und daher gut besucht ist, das Restaurant nebenan aber kaum Gäste hat, muss sich der Wirt überlegen, was er besser machen kann. Wenn man am Rande einer abgelegenen Touristenattraktion aber das einzige Restaurant betreibt, also außer Nicht-Essen keine andere Option für hungrige Besucher besteht, muss man sich nicht so gut um seine Gäste kümmern. Wenn die Gäste ohnehin kein zweites Mal kommen und kein Wettbewerb besteht, leidet die Leistung.

Im Wettbewerb müssen sich Unternehmen entscheiden, ob sie ihr Produkt auf eine kleinere, aber zahlungskräftige Zielgruppe ausrichten, oder ob sie einen Massenmarkt bedienen und damit auch den Massengeschmack treffen müssen. Der Volkswagen-Konzern nutzt unterschiedliche Marken für unterschiedliche Zielgruppen: Während Porsche gutverdienende Sportwagenfans anspricht und hohe Preise durchsetzen kann, ist die Kernmarke VW auf ein breites

Publikum ausgerichtet. Auch in kommerziellen Kinos kann man gut beobachten, dass der Geschmack des Kunden zählt. Die großen, kommerziell erfolgreichen Mainstream-Kinos zeigen die großen Hollywood-Filme über viele Wochen in großen Sälen. Wenn mehr Menschen den Film sehen wollen, wird das auch angeboten. Weniger erfolgreiche Streifen fliegen schneller aus dem Programm. Die großen Studios versuchen mit ihren Filmprojekten den Massengeschmack zu treffen, damit die teuren Produktionen kommerziell erfolgreich werden. Kleinere, nicht kommerzielle oder geförderte Produktionen stellen sich bewusst weniger in den Wettbewerb um die Masse der Zuschauer, sondern machen Filme nach anderen, insbesondere künstlerischen Kriterien. Damit finden sie dann auch ein kleineres Publikum. Der Wettbewerb führt dazu, dass die Produkte auf den Geschmack, die Bedürfnisse und Wünsche der Kunden ausgerichtet werden.

Wettbewerb zwingt aber Unternehmen nicht nur dazu, sich mit günstigen Preisen und gut komponierten Angeboten basierend auf den bisherigen Möglichkeiten möglichst stark an den Wünschen der Kunden zu orientieren. Entscheidend ist, dass der Wettbewerb zu Innovationen zwingt. Neue technische und organisatorische Möglichkeiten, neue Geschäftsmodelle und Produkte können einen großen Beitrag dazu leisten, Nutzen für die Verbraucher zu stiften. So hat Apple mit dem iPhone nicht nur die Handy-Branche revolutioniert, sondern viele neue Problemlösungen ermöglicht, die zuvor gar nicht denkbar waren. Eine solche Innovation hätte es kaum gegeben, wenn es ein unangreifbares Handy-Monopol mit hohen Monopolgewinnen gegeben hätte. Monopole machen tendenziell träge; Monopolisten verlieren das Interesse ihrer Kunden aus dem Blick. Der Wettbewerb schafft Effizienzen und Innovationen. Von beidem profitieren die Verbraucher über

niedrigere Preise sowie bessere und immer besser werdende
Produkte.

Der international differenzierte Wettbewerb kann nicht
nur durch Monopolsituationen oder staatlichen Protektionismus gefährdet sein. Die Entwicklungen der Coro-
na-Zeit haben gezeigt, dass auch die komplexen Lieferketten, die hinter vielen Produkten stehen, kurzfristig gestört sein können. Wenn Transportkapazitäten fehlen oder
die Frachtkosten in die Höhe schießen, erschwert das die
Auswahl zwischen Anbietern. Vielfalt wird reduziert und
Kooperation wird behindert. Unzuverlässige Lieferketten
wiederum reduzieren die Auswahlmöglichkeiten der Konsumenten. Wer schnell liefern kann, hat plötzlich einen
großen Wettbewerbsvorteil bis hin zu einer temporären
Monopolsituation und kann entsprechende Preise verlangen. Lange Wartezeiten, höhere Preise und eine eingeschränkte Auswahl durch den verhinderten Wettbewerb
schaden den Verbrauchern. Aber auch die Unternehmen
selbst haben das Interesse, den Zugang zu ihren Kunden
schnell zu verbessern und sie wieder mit attraktiven Angeboten beliefern zu können.

Den Wettbewerb aufzunehmen ist also durchaus in beid-
seitigem Interesse, wenn man nicht gerade Monopolist ist.
Die Anbieter haben im Wettbewerb Chancen auf Geschäft
und auf Gewinne. Je innovativer, effiziente rund nützlicher
für den Kunden ein Unternehmen mit seinen Produkten
ist, desto eher kann dies in guten Renditen umgesetzt werden. Das Gewinnstreben drängt im Wettbewerb dazu, sich
an den Bedürfnissen der Verbraucher zu orientieren. Die
Nachfrager profitieren durch bezahlbare Preise, gute Leistungen und innovative Produkte. Natürlich könnte es
immer noch billiger, noch viel besser und auch gerne auch
innovativer sein. Auch ein wettbewerblicher Markt kann
nicht alle Sorgen nehmen und alle Wünsche erfüllen. Jeder

Kunde erlebt mit Produkten und Dienstleistungen viel mehr Enttäuschungen, als es einem lieb ist. Der Wettbewerb ist also keine Garantie dafür, dass alle Probleme gelöst werden. Aber ohne Wettbewerb wären Konsumenten in einer sehr viel schlechteren Situation. Wettbewerb ist eine Wohlstandsmaschine zu Gunsten der Verbraucher.

5

Wettbewerb birgt Chancen

Immer in Bewegung

In einer wettbewerblichen Wirtschaft herrschen Offenheit und Dynamik. Ohne offene Märkte gibt es keinen Wettbewerb. Wenn keine neuen Anbieter auftreten können, können sich die etablierten Player ohne besondere Anstrengungen halten und ihre Marktposition und Gewinne sichern. Märkte ohne Wettbewerb sind angenehmen für die Insider, aber enttäuschend für die Outsider. Wettbewerbsfreie Räume sind geprägt von Stagnation. Wer nicht Teil des Kartells oder der Machtelite ist, kann nicht teilnehmen, seine Perspektiven und Qualitäten nicht einbringen, nichts verändern und nicht von seiner Leistung profitieren. Wettbewerb ist ohne Offenheit kaum vorstellbar. Zwar zeigt der Sport Gegenbeispiele: Die National Football League (NFL), die amerikanische Football-Liga, besteht aus einer fest definierten Gruppe von Mannschaften in einem Franchise-System. Der Wettbewerb zwischen diesen Teams ist intensiv,

obwohl er nur innerhalb des eng definierten Teilnehmerkreises möglich ist. Neue Mannschaften können sich nicht
für diesen Wettbewerb qualifizieren, sportlicher Misserfolg
wird auch nicht mit einem Abstieg, also dem Ausscheiden
aus der Liga bestraft. Auch in anderen Ausnahmebereichen
wird Wettbewerb innerhalb einer definierten Gruppe organisiert oder simuliert. Die Regulierung der Stromnetz-
betreiber, die Monopolisten in ihren Regionen sind, erfolgt
durch die Bundesnetzagentur. Idealerweise verhalten sich
die Unternehmen aufgrund der Regulierung so, als ob
Wettbewerb bestehen würde. Ohne die Offenheit für neue
Konkurrenten, die neue Ideen und veränderte Regeln mit-
bringen, bleibt Wettbewerb jedoch immer unvollständig.

Aber auch unvollständiger oder geschlossener Wettbewerb kann Dynamiken entfalten und immer wieder neue
Chancen für die Teilnehmer bieten. Die jährlich neu ent-
stehende Spannung auf dem Weg zum Super Bowl, dem
Finale der NFL-Saison, zeigt deutlich, wie eng und intensiv
das Kräftemessen trotz des geschlossenen und dauerhaft
einheitlichen Teilnehmerkreises ist. Für die Veranstalter besteht externer Wettbewerb, weil der Sport in Konkurrenz zu
anderen Unterhaltungsangeboten steht Offen ist der Wettbewerb auch für die Sportler selbst, die aus Teams außerhalb der NFL aufsteigen oder ihren Vertrag verlieren können. Die Motivation des Neuanfangs und der neuen
Chance auf Erfolg ist auch hier immer aufs Neue gegeben –
nach dem Finale beginnt die Vorbereitung auf die nächste
Saison.

Dennoch bleibt der auf eine fest definierte Gruppe eingeschränkte oder gar der simulierte Wettbewerb immer unvollständig. Es fehlt der Druck von außen, die Initiative
von Newcomern oder die Möglichkeit von Dritten, Chancen der Beteiligung zu ergreifen. Geschlossene Märkte richten sich gegen Kunden, und gegen mögliche Konkurren-

ten. Wenn bestehende Anbieter über die Zulassung neuer Angebote entscheiden können, verhindern sie zusätzlichen Wettbewerb und damit niedrigere Preise und bessere Leistungen für die Kunden. Solche Zugangsregeln gab es beispielsweise bei früheren Zünften. Das bedeutet nicht, dass jede Zugangsregulierung falsch ist. Mindeststandards in der Ausbildung können bei bestimmten Services notwendig sein. Selbstregulierung ebenfalls. In der Kombination von Selbstverwaltung der Qualitätssicherung muss aber sichergestellt sein, dass die kein Mechanismus der Abschottung gegenüber zusätzlicher Konkurrenz ist.

Kunden müssen also höhere Preise und schlechtere Leistungen befürchten, wenn der Wettbewerb unter den Anbietern von Produkten und Dienstleistungen beschränkt wird. Aber auch auf Seite der Unternehmen und möglicher Anbieter geht viel verloren, wenn Wettbewerb nicht zugelassen ist: Die Chance, die eigenen Fähigkeiten einzubringen und dafür durch Gewinn belohnt zu werden, wird denen verwehrt, die vor verschlossenen Toren stehen und nicht auf den Markt eintreten und sich dem Wettbewerb stellen können. Wenn auf Märkten Einkommen erzielt und Wohlstand aufgebaut werden kann, dann wird denjenigen, die von diesen Märkten ausgeschlossen sind, die Chance auf Einkommen und Wohlstand genommen. Wenn Wettbewerb verhindert wird, werden Lebenschancen zerstört. So wie ein Tennisspieler, der nicht zum Turnier zugelassen wird, dieses Turnier nicht gewinnen kann, könnte auch ein Handwerker kein Unternehmen aufbauen, wenn ihm der Zugang zu den Kunden von bestehenden Anbietern verwehrt würde. Natürlich kann es Gründe geben, dem Tennisspieler oder dem Handwerker die Ausübung der Tätigkeit zu verwehren. Vielleicht hat der Sportler gedopt, vielleicht hat er sich nicht qualifiziert. Vielleicht fehlt dem Handwerker die Qualifikation, die er für sicherheitsrelevante Arbeiten braucht. Es kann gute Gründe geben, die Teilnahme an besonderen Wettbewerben an bestimmte Anforderungen zu binden. Wer mit Strom- oder Gasanschlüssen arbeitet, sollte zuvor nachweisen, dass die nötigen Qualifikationen vorhanden sind. In vielen Fällen sind Fehler korrigierbar und gehen höchstens finanziell zu Lasten des schlechten Anbieters – in anderen Beispielen wären Fehler mit katastrophalen Konsequenzen verbunden. Trial and Error wäre hier inakzeptabel. Aber die Zugangsbeschränkungen müssen klare sachliche Begründungen haben, dürfen nicht diskriminieren und dürfen nicht den Wettbewerb selbst ausschalten. Wer die Kriterien erfüllt, muss auch seine Chance wahrnehmen dürfen. Nicht jeder Markt ist leicht zugänglich. Marktzugangsschranken können hoch sein. Mal sind es hohe Kosten, mal rechtliche Voraussetzungen. Aber wenn sie unüberwindlich sind oder von den bisherigen Marktteilnehmern gegen Neulinge eingesetzt werden können, dann kann es auch keinen funktionierenden Wettbewerb geben.

Auch wenn es keine formellen Vorkehrungen zur Abschottung des Marktes gibt, können bestehende faktische Standards oder Usancen Märkte definieren und gleichzeitig diejenigen bevorteilen, die genau dieser Norm entsprechen. Für einzelne Außenstehende, die mit neuen Konzepten starten wollen, ist es mitunter schwer, diese informellen Regeln zu durchbrechen. Wenn sich die Öffentlichkeit und insbesondere die Kunden daran gewöhnt haben, dass eine Leistung eine bestimmte Form hat, müssen sie erst von Neuerungen überzeugt werden. Was nicht dem gewohnten Standard entspricht, wird im Zweifel nicht gekauft. Gewöhnung kann also auch ein Hindernis beim Markteintritt sein. Um Märkte abzuschotten, bedarf es nicht unbedingt eines Kartells, eines Monopols oder einer technologischen Hürde. Musik oder Mode können hierfür als Beispiele dienen. Hier gibt es in bestimmten Phasen Stile, die dominant sind. Alternativen zum Mainstream haben es schwer, wahrgenommen zu werden. Der Wettbewerb findet vor allem innerhalb der Grenzen statt, die die aktuellen Trends setzen. Wer gute Chancen auf Erfolg haben will, orientiert sich an diesen Regeln. Eine größere Ähnlichkeit der Angebote ist die Folge. Eine Vielzahl von abweichenden Innovationen setzt sich nicht durch.

Und dennoch suchen gerade in der Abweichung von den informellen, aber wirkmächtigen Standards alternative Anbieter ihre Chance. So kann Musik jenseits des Mainstreams besonders interessant wirken und auffallen. Newcomer können einen einmaligen Erfolg haben oder sich sogar etablieren und somit den bisher vorherrschenden Geschmack verändern oder gar ersetzen. Im Idealfall kann man als Underdog starten, dann die Entwicklung bestimmen und Vorbild für all diejenigen sein, die Teil des neuen Mainstreams werden wollen, und schließlich zu einer Art Elder Statesman oder lebender Legende werden, die weiterhin populär ist, obwohl der Massengeschmack sich inzwischen weiterentwickelt hat. Vermutlich sind genau diese Karrieren auch die, die am meisten belohnt werden, also auch materiell am erfolgreichsten sind. Große Chancen liegen darin, die bestehenden Gewohnheiten zu verändern und eigene Akzente zu setzen. Aber natürlich sind hier auch die größten Misserfolgsrisiken zu vermuten. Nur, weil die eigenen Angebote anders sind als die der etablierten Massenanbieter, sind sie noch lange nicht erfolgreich. Dem gelebten Traum stehen viele geplatzte Träume gegenüber. Es ist nicht überraschend, dass gerade jüngere Menschen den Einstieg auf einen Markt und damit verbundene Lebenschancen mit unkonventionellen Ideen und Ansätzen suchen. Hier ist weder eine fest etablierte Vorprägung durch die bestehenden informellen Regeln und Gewohnheiten vorhanden, noch dominiert eine Risikoscheu, die in späteren Lebensjahren eher zu beobachten ist. Mut, Risikobereitschaft, innovative Ideen und Umsetzungsstärke sind notwendig, um sich gegen ein bestehendes Establishment durchsetzen zu wollen und dies auch erfolgreich zu können.

Auch im politischen Wettbewerb der Parteien gibt es hierfür Beispiele. Die politischen Strukturen waren nach Gründung der Bundesrepublik fest etabliert, ein Dreiparteiensystem hatte sich entwickelt. Kleinere Wettbewerber hatten – auch aufgrund der 5 Prozent-Hürde – keine echte Chance auf einen Einzug in den Deutschen Bundestag. Erst der noch jungen Partei der Grünen gelang dies mit anderen inhaltlichen Schwerpunkten, einem anderen Stil, aber auch mit einer Positionierung als Anti-Establishment-Kraft, die sich aus dem externen Wettbewerber um öffentliche Aufmerksamkeit und gesellschaftliche Wirkung, der außerparlamentarischen Opposition, entwickelt hat.

Wettbewerb kann also auch gegen dominante Stellungen gerichtet werden, die monopolistischen Charakter zu haben scheinen. Voraussetzung dafür ist aber, dass die Schranken für neue Anbieter nicht zu hoch sind. Der Druck von denjenigen, die für sich Chancen in neuen Produkten und neuen Angeboten sehen, muss ausreichen, um die Hürden zu überwinden. Sonst werden die etablierten Insider unangreifbar und Wettbewerb findet höchstens innerhalb des definierten Kreises der bisherigen Anbieter oder zumindest nach ihren Regeln und Standards statt. Schnell führt unüberwindbarer Schutz aber dazu, dass auch diese Form des Wettbewerbs unterbleibt. Wenn man sich den Markt aufteilen kann und ein gleich niedriges Qualitäts- aber gleich hohes Preisniveau vorsieht, wird es bequem für die Angebotsseite. Innovationen und Effizienzfortschritte werden unnötig – es leiden schlechter versorgte und finanziell übervorteilte Konsumenten und potenzielle Konkurrenten, die um ihre Chance auf Einkommen durch bessere Leistungen oder ganz neue Lösungen gebracht werden.

Dass in geschützten Monopolsituationen keine Chancen auf wirtschaftlichem Erfolg für außenstehende Anbieter besteht, erscheint schnell plausibel. Umgekehrt gilt aber auch, dass der Wettbewerb nicht sicheren Erfolg, aber viele Chancen für diejenigen bietet, die an ihm teilnehmen wollen. Wer an der Segelregatta nicht teilnimmt, kann sie auch nicht gewinnen. Und mit dem Wind sind immer viele unberechenbare Momente im Spiel, die das Ergebnis stark beeinflussen können. Wer mitmacht, kann auch abgeschlagen verlieren, kentern oder untergehen. Wer nicht an den Start geht, vermeidet dieses Risiko, vergibt aber auch die Chancen auf den Sieg schon vor dem Beginn des Rennens. Erfolg im Wettbewerb ist nur dann möglich, wenn man sich dem Wettbewerb auch stellen will und bessere Leistungen (oder auch das notwendige Quäntchen Glück mehr) als die Konkurrenten aufbringen kann.

In einer funktionierenden Marktwirtschaft stehen die Unternehmen im Wettbewerb miteinander. Neue können hinzukommen, alte können ausscheiden. Kunden wandern, Produkte, Vertriebswege und Technologien verändern sich. Geschäftsmodelle scheitern und werden neu erfunden. Und so müssen sich auch Unternehmen immer wieder neu anpassen. Wobei „anpassen" doch sehr passiv klingt. In Wahrheit ist eine Anpassung an dynamische Entwicklungen ein schwieriger Prozess, der bis hin zur andauernden Neuerfindung des Unternehmens führen kann. Audi hat heute nicht mehr viel zu tun mit dem eigenen, früheren Selbst aus den siebziger Jahren. Es ist immer noch dasselbe Unternehmen, es baut immer noch Autos. Das war es aber auch. Dazwischen liegen viele Neuaufstellungen, große Innovationen und kleine Verbesserungen. Ohne diese großen

Schritte wäre der heutige Erfolg kaum möglich, selbst die Existenzfrage hätte sich vehement stellen können.

Unternehmen haben im Wettbewerb die Funktion, ihre Kunden bestmöglich zu versorgen und damit Geld zu verdienen. Da andere Firmen das auch wollen, ist eine immer weitergehende Verbesserung notwendig. Neue Ideen schaffen einen Vorteil gegenüber dem Konkurrenten und zugleich zu Gunsten des Kunden. Im Kern geht es darum, Fortschritte bei Problemlösungen voranzubringen. Wer die Nöte und Probleme der Verbraucher besser lindern kann, der ist auch wirtschaftlich erfolgreich. Chancen bieten sich hier für beide Seiten. Der Kunde hat die Chance auf bessere Leistungen. Das Unternehmen hat die Chance auf Gewinn, der Unternehmer profitiert durch den Zuwachs seines Vermögens. Kurzfristig mag es für ein Unternehmen interessant sein, eine monopolartige Stellung aufzubauen und zu Lasten der Kunden zu wirtschaften. Sobald der Markt bestreitbar ist und andere Anbieter den Wettbewerb eröffnen können, wird diese Strategie gefährlich. Wer sich nur auf den Schutz vor Konkurrenz verlässt und nicht die eigenen Stärken in der Problemlösung für seine Kunden entwickelt, der riskiert über kurz oder lang die Zukunft des Unternehmens und damit das Vermögen der Eigentümer.

Newcomer können alles verändern

Viele der großen und bekannten Unternehmen haben ihre Position dadurch erarbeitet, dass Sie neue Lösungen entwickelt haben, die nicht dem vorherigen Standard der damals erfolgreichen Unternehmen in den jeweiligen Märkten entsprochen haben. Die innovativen Veränderer haben damit sich selbst positioniert, aber auch die Märkte neugestaltet und Erfolgskriterien für alle Teilnehmer neu definiert. Mit neuen Ideen und besseren Problemlösungen. Einige Beispiele sollen dies illustrieren:

ALDI ist damit groß geworden, dass den Kunden ein kleineres Sortiment zu günstigeren Preisen angeboten wurde. Zudem wurden die Waren direkt aus den Transportverpackungen verkauft und nicht erst in Regale eingeräumt und ansprechend präsentiert. Der Discounter (der Name ALDI ist die Abkürzung für Albrecht Discount) konnte sich so neben Supermärkten etablieren, die wiederum eine Alternative zu den traditionellen Bedienungsläden waren.

Tesla hat wie wenige andere Unternehmen in den letzten Jahren einen wettbewerbsintensiven Markt mit gut etablierten, erfolgreichen und kapitalstarken Unternehmen in Bewegung gebracht, indem eine Nische spektakulär entwickelt werden konnte. Die großen Automobilhersteller zeichnen sich zwar durch eine hohe Innovationstätigkeit aus, die Entwicklung von batterieelektrischen Antrieben ging jedoch nur schrittweise voran. Japanische Autobauer gingen mit Hybridfahrzeugen voran, während deutsche Produzenten nur vereinzelt mit vergleichsweise kleineren Serien jenseits des Kerngeschäfts strombetriebene Fahrzeuge anboten. Tesla als Newcomer auf dem Markt änderte die Innovationsdynamik fundamental. Sie setzten konsequent und kompromisslos auf Elektrofahrzeuge und forderten den Absatz für die hochpreisigen Angebote durch eigene Schnellladestationen, um bestehende Nachteile von batteriebetriebenen Autos auszugleichen. Mit einem Angebot, dass kein schmerzhafter Kompromiss zugunsten des Klimaschutzes, sondern ein sportliches, luxuriöses (und hochpreisiges) Auto mit einem starken grünen Imagevorteil war, war Tesla erfolgreich. Die hohen Stückzahlen der nun ernstzunehmenden Konkurrenz auf in margenträchtigen Segmenten der bisherigen Premiumanbieter zwang diese zu einer schnellen Reaktion. Bald war Tesla nicht nur ein von außen kommender Wettbewerber, sondern hatte das Angebot definieret, an dem sich alle anderen orientierten und das alle andere einholen wollten. Ohne die Möglichkeiten des Wettbewerbs hätten sich die Chancen für Tesla nicht eröffnen können, den Markt zu treiben und damit wirtschaftlichen Erfolg zu haben. Und der Erfolg ist nicht nur ein finanzieller, sondern auch ein ideeller. Wenn es ein Ziel von Tesla ist, die Verbreitung von Elektroautos zu fördern, dann ist das gelungen – nicht nur mit eigenen Verkaufserfolgen, sondern vor allem auch durch den Druck auf etablierte Wettbewerber, sich auf diesen Weg zu machen. Neuer Wettbewerb bedeutet hier deutliche Chance auf Veränderung.

Biontech zeigt vielleicht am besten, wie mit dem Ansporn und der Dynamik des Wettbewerbs Chancen verbunden sind. Das Unternehmen, das mit dem von ihm entwickelten und zusammen mit Pfizer vertriebenen Corona-Impfstoff berühmt wurde, war eigentlich zur Entwicklung ganz anderer Produkte entstanden. Es ging nicht um Viren, sondern um Krebs. Ziel war es, mit Hilfe einer neuen Technologie individualisierte Wirkstoffe gegen Krebserkrankungen zu entwickeln. Der Ausbruch der Corona-Pandemie stellte die weltweiten Gesundheitssystem jedoch vor völlig andere Herausforderungen und die Suche nach einem Impfstoff zur Vorsorge gegen (aber auch von Wirkstoffen zur Behandlung von) Corona-Erkrankungen wurde als Schlüssel im Kampf gegen die neuartige Krankheit identifiziert. Biontech erkannte schnell das Potential, das die eigene Technologie im Gegensatz zu den Möglichkeiten der etablierten Impfstoffhersteller hatte, um die erhofften Vaccine zu entwickeln. Innerhalb von Monaten konnte Erfolg vermeldet werden. Das kleine Unternehmen hat im Wettbewerb mit anderen Entwicklern ähnlicher Technologien und etablierten Pharmaunternehmen eine Lösung für ein drängendes Menschheitsproblem entwickelt und ist dafür mit hohen Gewinnen belohnt worden. Erst der Wettbewerb in Form von Unternehmen, die neue technologische Ansätze verfolgten, hat dies möglich gemacht. Die Chance wurde genutzt zum Wohle der Menschen, die Milliardenfach mit den von Biontech entwickelten Stoffen geimpft sind, und dem Unternehmen beziehungsweise seinen Gründern selbst. Profitieren konnte übrigens auch die Stadt Mainz. Da der Biontech-Hauptsitz in der rheinland-pfälzischen Landeshauptstadt liegt, konnte sich die Stadtkasse über unvorhersehbare Gewerbesteuereinnahmen in Milliardenhöhe freuen. Und natürlich hat auch der Kooperationspartner Pfizer profiziert. Für die Organisation klinischer Tests und die Skalierung von Produktion und Vertrieb war ein etablierter Partner notwendig. Ohne diesen innovativen Wettbewerber und späteren Partner hätte es aber auch für Pfizer eine Milliarden-Gewinn-Chance weniger gegeben. Biontech gewann aber nicht nur finanziell. Mit den neuen wirtschaftlichen Möglichkeiten kann sich die Firma mit deutlich größerer Kraft auf das eigentliche Ziel der unternehmerischen Forschung konzentrieren – der Entwicklung von individualisierten Wirkstoffen gegen Krebs.

Wenige Neugründungen haben globale Märkte so schnell und so tiefgreifend umgestaltet wie Amazon. Begonnen hat das Unternehmen als Online-Buchhandel. Bücher sind klar definiert, eindeutig identifizierbar, gut lagerfähig, leicht zu verpacken und zu verschicken und haben einen vernünftigen Wert. Mit der großen Auswahl und der schnellen Verfügbarkeit für den Kunden hat Amazon damit eine neue Dimension des Wettbewerbs geschaffen, in dem sich viele stationäre Buchhändler nur schwer behaupten können. Inzwischen hat sich das Sortiment radikal erweitert, zugleich werden umfangreiche Produkte von Drittanbietern über die Amazon-Plattform gehandelt. Wer ein Produkt im Internet sucht, nutzt im Zweifel Amazon als Produktsuchmaschine. Damit hat sich der stationäre Handel, der in der Vergangenheit nur durch Katalogversand und Fernsehshops ergänzt wurde, fundamental verändert. Amazon ist Disruptor für bestehende Handelsstrukturen und zugleich Vorbild für den Online-Handel. Gründer Jeff Bezos wurde zwischenzeitlich zum reichsten Menschen der Welt – mit einem erst 1994 gegründeten Unternehmen. So groß kann die Chance im Extremfall sein, in den Wettbewerb einzusteigen und ihm den eigenen prägenden Stempel aufzudrücken.

Besonders attraktiv ist es aber auch, wenn bestehende Monopole aufgebrochen werden. Die Kunden sind an ein hohes Preisniveau gewohnt, mit besseren Leistungen und leicht niedrigeren Preisforderungen kann bereits Fortschritt für die Kunden erzielt werden. Alteingesessene Monopolisten tendieren dazu, wenig flexibel zu sein und hohe Kostenpositionen aufgebaut zu haben. Für die Verwandlung des Angebots von einem Monopol zu einer Konkurrenzsituation kann es folglich besondere Prämien geben. Die Öffnung des Fernbusmarkts in Deutschland zeigte, wie attraktiv dies für neue Wettbewerber erschien. Zahlreiche Fernbusunternehmen gründeten sich und suchten ihre Chance – kaum eines konnte sie nutzen. Für die Kunden bleibt der Nutzen durch eine zusätzliche Transportmöglichkeit.

Aber nicht nur für die innovativen Treiber des Wettbewerbs, auch für die Getriebenen steckt im Wettbewerb eine Chance, nämlich die Chance auf Erneuerung. Unternehmen müssen sich immer wieder erneuern, wenn sie nicht irgendwann überflüssig oder zumindest für die Kunden uninteressant werden sollen. Der Druck des Wettbewerbs zwingt zur Veränderung und sichert damit die weitere Existenz des Unternehmens. Wenn nicht der permanente Ansporn zur Leistungsverbesserung da ist, droht ein schleichender Verlust von Wettbewerbsfähigkeit. Die vermeintlich komfortable Situation der Ruhe und der unangefochtenen Marktposition droht sich dann als Ruhe vor dem Sturm zu erweisen. Märkte mit dominanten aber wenig innovativen und veränderungsfähigen Unternehmen sind für Neuankömmlinge besonders attraktiv. Aus der Ruhe wird dann sehr plötzlich ein harter Wettbewerb, aus der gefühlten Stärke eine existenzbedrohende Schwäche.

Sprechen wir bei Chancen des Wettbewerbs nur über die Superstar-Unternehmen und Milliardäre? Ganz und gar nicht. Ohne Wettbewerb könnten sich Handwerker nur niederlassen, wenn ihnen ein Platz zugestanden wird. Unternehmensgründungen wären kaum oder nicht möglich, wenn Wettbewerb nicht zugelassen wäre oder die etablierten Unternehmen neue Konkurrenzen umgehend vom Markt drängen könnten. Wer mit einem Café, einem Blumenladen oder als selbständiger Coach sein Lebensglück sucht, kann diese Chancen nur ergreifen, weil es Wettbewerb gibt. Ein Unternehmen kann nicht als Monopolunternehmen gegründet werdenwerden, es sei denn, es schafft mit seinem innovativen Angebot einen völlig neuen Markt. Start-ups gibt es nicht, wenn ein Monopol wirkungsvoll geschützt ist. Gründung und Wettbewerb sind untrennbar miteinander verbunden.

Wer immer die Früchte seiner Qualifikationen, seiner Ausbildungsjahre, seiner Kreativität und seines Mutes in Form von Selbstständigkeit ernten will, braucht dafür ein wettbewerbliches Umfeld, das diese Chancen bietet. Und umgekehrt stärken Gründungen auch immer den Wettbewerb. Rein formal gibt es einen Marktteilnehmer mehr, allein damit entsteht per Definition zusätzliche Konkurrenz. Vor allem aber ändert sich mit neuen Akteuren schnell das Umfeld für die etablierten. Eine neue Espressobar zieht Gäste aus einem traditionellen Café ab, das durch besseren

Espresso oder andere Leistungsversprechen reagieren muss. Ein neuer, auf Energieeffizienz spezialisierter Elektriker zwingt das alteingesessene Unternehmen, diese aktuellen Kundenbedürfnisse ebenfalls besser abzubilden. Die Chance für den neuen Wettbewerber ist typischerweise auch eine Chance für die Kunden.

Man muss aber nicht ein Unternehmen gründen, um im Wettbewerb Chancen zu sehen. Wo immer ein Ansporn durch Konkurrenz entsteht, wird Initiative und Veränderungsfähigkeit gebraucht. Wer das anbieten kann, hat eigene Karrierechancen. Es gibt auch Unternehmer innerhalb bestehender Unternehmen. Neue Chancen werden von Mitarbeitern erkannt und ergriffen. Selbst in stabilen Monopolen gibt es faktisch Wettbewerb innerhalb der Organisation. Niemand arbeitet ewig. Immer wieder werden interessante Stellen frei, die mehr Einfluss, mehr Ansehen und mehr Einkommen versprechen. Um diese Karrierechancen gibt es natürlich einen Wettbewerb. Ob offen und transparent, ob versteckt und mit unfairen Mitteln: Chancen auf Weiterentwicklung werden letztlich wettbewerblich entschieden. Und selbst wenn lange feststeht, wer der Nachfolger des Chefs wird, gab es irgendwann vorher eine Situation, in der das noch nicht feststand – es sei denn, es gibt einen Alleinerben des Unternehmens, der sich dann nicht dem internen Wettbewerb stellen muss, der das Familienunternehmen dann aber durch den Wettbewerb auf den externen Märkten führen muss. Wettbewerb um Karrieren kann für das Unternehmen konstruktiv sein, indem er die Mitarbeiter zu besonderen Leistungen motiviert, mit denen sie sich auszeichnen können. Es kann aber auch destruktive Wirkung haben, wenn Leistungen der Konkurrenten hinterrücks zunichte gemacht werden, um den Opponenten keinesfalls glänzen zu lassen.

Nicht zu vergessen: Arbeitnehmer müssen nicht bei ihrem Arbeitgeber bleiben. Je knapper und gefragter bestimmte Qualifikationen sind, desto besser können die Arbeitnehmer ihre Interessen durchsetzen. Der Wettbewerb um die Fachkräfte stärkt deren Position und verschafft interessante Wechseloptionen und damit neue Chancen außerhalb des bestehenden Umfelds. Auch hierfür ist Mut und Veränderungsbereitschaft nötig. Wer nicht wechseln will, kann auch nicht von einem guten Abwerbeangebot profitieren. Aber nicht jeder kann oder will die Chancen, die sich bieten, auch wirklich nutzen.

Menschen suchen ihr berufliches Glück auf vielerlei Wegen. Ob selbstständig, ob als Unternehmensgründer, ob angestellt oder verbeamtet. Alles spüren in der ein oder anderen Form den Druck des Wettbewerbs. Alle profitieren aber auch vom Wettbewerb, der ihnen Entwicklungschancen gibt. Ohne Wettbewerb gibt es keine Wechseloptionen. Wer an seine bisherige Tätigkeit gebunden ist, weder sinnvoll wechseln oder sich selbstständig machen kann, verliert Lebenschancen. Erst offene Märkte ermöglichen Auswahl und die Möglichkeit, große und kleine Chancen auf bessere Jobs oder riesige Vermögen zu ergreifen und den eigenen Lebensweg in die Hand zu nehmen.

6

Wettbewerb begrenzt Macht

Das „genialster Entmachtungsinstrument der Geschichte"

Unsere auf dem Wettbewerbsgedanken aufbauende Wirtschaftsordnung ist die Soziale Marktwirtschaft. Sie ist kein wertfreies Konzept, sondern basiert auf den Grundprinzipien eines freiheitlichen, demokratischen Staatswesens. Sie ist auch kein einfaches, rechenbares Maximierungsprinzip, wie es dem Kapitalismus oftmals – im besten Fall karikierend, im schlechten Fall grob verfälschend – vorgehalten wird. Die Grundlagen der Wirtschafts- und Gesellschaftsordnung sind in Opposition zur NS-Diktatur und der stark planwirtschaftlichen Kriegswirtschaft entstanden. Schon allein der Gedanke an eine Nachkriegswirtschaft ohne die fortgesetzte NS-Herrschaft war eine Ablehnung des Regimes und durfte keinesfalls publik werden. Auf diese intellektuellen und konzeptionellen Vorarbeiten konnte zurückgegriffen werden, als es darum ging, eine demokratische und freiheitliche Ordnung für Gesellschaft

© Der/die Autor(en), exklusiv lizenziert an Springer Fachmedien Wiesbaden GmbH, ein Teil von Springer Nature 2023
H. Bardt, *Wettbewerb!*, https://doi.org/10.1007/978-3-658-39731-9_6

und Wirtschaft in den drei westlichen Besatzungszonen und der Bundesrepublik Deutschland zu entwickeln.

Die normative Basis der Sozialen Marktwirtschaft liegt in freiheitlichen und sozialen Werten. Ihre Wurzeln zeigen sich bereits in der gedanklichen Entstehungsgeschichte. Es ist kein Zufall, dass die ersten grundlegenden Schriften, die marktwirtschaftliche Prinzipien begründeten, aus der Zeit der Aufklärung stammen und eng mit der Begründung des Liberalismus verbunden sind. Die Idee einer dezentralen Ordnung steht in fundamentalem Gegensatz zum damals in vielen Ländern vorherrschenden Absolutismus. Wettbewerb ist ein als Gegenkonzept zu totaler Machtfülle, in der wirtschaftliche Chancen verliehen wurden, aber nicht selbst auf eigenen Antrieb erarbeitet werden konnten. So wie Gewaltenteilung die Begrenzung von politischer Macht bedeutet, so bedeutet Wettbewerb die Vermeidung von wirtschaftlicher Macht. Schon der schottische Moralphilosoph Adam Smith, der als ein Gründervater der Volkswirtschaftslehre gilt, warnte vor Zusammenschlüssen und Absprachen von Produzenten, die Konkurrenz ausschalten und damit zulasten des Gemeinwohls beziehungsweise der Kunden wirken würden.

Dezentralisierung von Macht ist ein grundlegendes Element dieser freiheitssichernden Ordnung. Marktwirtschaft und Wettbewerb sind nicht nur ökonomisch vorteilhaft, sondern sind auch Ausdruck einer breit verstandenen Handlungsfreiheit der Bürger. Sie werden als machtbeschränkend angesehen und kontrollieren damit zentralstaatliche Machtpositionen durch wirtschaftlichen, gedanklichen und politischen Wettbewerb. Wie bedeutend die normative Basis ist, kann an einem Gegenbeispiel deutlich gemacht werden: Wettbewerb, der von einer Diktatur instrumentell zur Wohlstandsmehrung und damit auch zur eigenen Machtabsicherung eingesetzt wird, wäre mit dem liberalen Anspruch der Sozialen Marktwirtschaft unvereinbar.

Am Anfang einer neuen Wirtschaftsordnung in der sich gründenden Bundesrepublik lagen die Trümmer, die nach der Katastrophe des Zweiten Weltkriegs in Deutschland und ganz Europa zurückgeblieben sind. Grundbedürfnisse konnten nicht befriedigt werden, die Währung war wertlos geworden. Tauschgeschäfte und Bezugscheine prägten den Alltag. Mangel wurde eher verwaltet, als das Knappheiten systematisch beseitigt werden konnten. Die neue Wirtschaftsordnung der jungen Bundesrepublik sollte wirtschaftliches Wachstum ermöglichen, nach den auch wirtschaftlichen Verwerfungen des Krieges neuen Wohlstand bringen und die Kriegswirtschaft zügig wieder auf zivile Produktion umstellen. Die Versorgung der Bevölkerung stand im Mittelpunkt des Denkens und der normativen Vorstellungen. Eine funktionierende Wettbewerbsordnung als Kernelement der Sozialen Marktwirtschaft sollte dies sicherstellen.

Es wäre aber grundfalsch, den Wettbewerbsgedanken nur auf die wirtschaftliche Effizienz zu reduzieren. Die Vordenker der Sozialen Marktwirtschaft waren geprägt von den Erfahrungen übermäßiger Machtzusammenballung und der unbeschränkten Diktatur. Nachdem die Weimarer Demokratie zwischen Kommunismus und Nationalsozialismus zerrieben wurde, galt es, eine demokratische und freiheitssichernde Ordnung zu entwickeln, die mit der nationalsozialistischen Diktatur mit zentralen Wirtschaftsplänen und Kriegswirtschaft brach und sich nicht der vermeintlichen Alternative, der stalinistischen Diktatur mit Planwirtschaft und Kollektivierung zuwendete. Die Begrenzung von Macht – sowohl politischer als auch wirtschaftlicher Macht – war eine zentrale Zielsetzung für eine Wirtschafts- und Gesellschaftsordnung für die Zeit nach Krieg und Diktatur.

Aber auch ein einfaches Zurück zu den früheren Modellen der freien Marktwirtschaft kam nach den Erfahrungen aus der Zeit der Industrialisierung im 19. Jahrhundert nicht infrage. Die Industrialisierung war von stark steigendem Wohlstand, aber auch von Sozial- und Machtstrukturen geprägt, wie sie für eine entwickelte Volkswirtschaft und demokratisch geprägte Gesellschaft nicht mehr angemessen waren. Die starke Machtposition der frühindustriellen Unternehmer gegenüber den Arbeitnehmern, die schwachen Mitarbeiterrechte und die schlechten Arbeits- und Sozialbedingungen passte nicht zu den Wertvorstellungen des 20. Jahrhunderts. Die Machtpotenziale waren in einem Maße ungleich verteilt, dass es als freiheitseinschränkend für die Machtlosen zu bewerten ist. Die Kartellbildung im Kaiserreich, die durch das Urteil des Reichsgerichts von 1897 für zulässig erklärt wurde, kam ebenfalls einer Ausschaltung von Wettbewerb und einer kaum kontrollierten Machtverschiebung zu den Anbietern innerhalb des geschützten Kartells gleich. Die Konzeption der Sozialen Marktwirtschaft ging auch hier einen vollständig anderen Weg. Nicht die Freiheit zur Kartellbildung und Vermachtung wurde verteidigt, sondern die Kontrolle von Macht, die Verhinderung von Machtzusammenballung und Machtmissbrauch wurden angestrebt. Der Tendenz des Wettbewerbs, sich durch Monopolisierung selbst zu beschränken, sollte durch eine institutionelle Sicherung des Wettbewerbs durch entsprechende rechtliche Regeln entgegengewirkt werden. Die Kartellgesetzgebung aus den fünfziger Jahren hat die dafür notwendigen rechtlichen Instrumente geschaffen, ebenso wie auf europäischer Ebene ein wirkungsvolles Wettbewerbsrecht etabliert wurde, um den Wettbewerb auch auf dem europäischen Binnenmarkt gewährleisten zu können.

Zur Begrenzung von Macht setzt die Soziale Marktwirtschaft auf Wettbewerb auf den Märkten. Wettbewerb ist einmal als das „genialste Entmachtungsinstrument der Geschichte" bezeichnet worden. Diese prägnante Bezeichnung stammt von Franz Böhm, einem der liberalen Vordenker der deutschen Wirtschaftsordnung. Und tatsächlich haben wettbewerbliche Strukturen eine starke machtbegrenzende Wirkung. Wo Wettbewerb herrscht, wird Macht infrage gestellt, Einfluss muss immer neu erworben werden. Je ausgeprägter Machtpositionen sind, desto schwieriger haben es Wettbewerber; und je eher ernstzunehmende Wettbewerber auftreten, desto schlechter lassen sich Machtstrukturen dauerhaft etablieren.

Aber ist es nicht völlig unrealistisch, eine machtlose Wirtschaftsstruktur schaffen oder gar sichern zu wollen? Sind denn die Kunden nicht ohnehin den Anbietern unterlegen und einseitig gezwungen, die ihnen vorgegebenen Konditionen zu akzeptieren? Wer verhandelt denn die Allgemeinen Geschäftsbedingungen mit einem Konzern? Wer liest diese überhaupt? Und können finanzstarke Unternehmen nicht jeden Rechtstreit länger durchhalten als ein normaler Kunde, der im konkreten Fall sogar das Recht auf seiner Seite hätte? Bestimmt wirtschaftliche Macht nicht letztendlich auch politische Entscheidungen?

Die Antwort ist: Natürlich gibt es keine Welt ohne Macht, auch nicht ohne wirtschaftliche Macht. Macht, also die Fähigkeit, den eigenen Willen gegenüber Dritten durchzusetzen, kann nicht wegdefiniert oder ausgeschaltet werden. Das ist aber auch gar nicht das Versprechen der Marktwirtschaft. Wettbewerb begrenzt Macht. Andere Institutionen sind ebenfalls notwendig, insbesondere wenn der Wettbewerb nicht ausreicht. Für die Allgemeinen Geschäftsbedingungen gibt es rechtliche Vorgaben. Die Rechtsrisiken können durch Verbraucherorganisationen, Rechtschutzversicherungen oder öffentlichen, also medialen Druck verringert werden. Probleme durch ungleiche Informationslevel können durch Transparenzpflichten, Garantieanforderungen oder Warentestinstitutionen adressiert werden. All dies wirkt aber nicht – oder nur sehr eingeschränkt – wenn es am Markt keine Alternative gibt, wenn also kein Wettbewerb um die Gunst der Verbraucher vorliegt. Auch in der Politik sind wirtschaftliche Interessen nur ein Teil der öffentlichen Debatten. Von einer Diktatur der unternehmerischen Interessen kann im deutschen politischen Prozess keine Rede sein.

Wirkungsvolle Macht setzt voraus, dass es für die Gegenseite keine sinnvollen und gangbaren Ausweichmöglichkeiten gibt. Wer die freie Wahl zwischen mehreren Optionen hat und immer auf eine Alternative zurückgreifen kann, wer also nicht an einen Anbieter – oder auch an einen Nachfrager – gebunden ist, ist auch nicht abhängig. Ohne Abhängigkeiten gibt es aber auch keine Macht des Gegenübers. Und genau hier passt das Prinzip des Wettbewerbs. Wenn es viele Anbieter gibt und der Kunde das für sich passendste Produkt – bei dem Preis, Leistung und Eigenschaften den Präferenzen der Kunden am besten entsprechen – aussuchen kann, hat der Anbieter keine Machtposition, in der er seinen Willen einseitig durchsetzen kann. Schlechte Leistungen, unpassende Produkte und überhöhte Preise werden nur dann beseitigt, wenn die Macht des Anbieters beschränkt ist und der Kunde als Schiedsrichter im Wettbewerb der vorliegenden Angebote wirken kann.

Wenn eine Marktseite monopolisiert ist, es also nur einen Anbieter oder nur einen Nachfrager gibt, auf der anderen Seite aber eine Vielzahl von Akteuren auftritt, ist Marktmacht einseitig verteilt, ist Wettbewerb ausgeschlossen. Wer nicht mit Konkurrenz rechnen muss, kann seine Interessen einseitig, auch gegen den Willen der Marktpartner durchsetzen. Typischerweise wird eine starke Marktmacht auf der Angebotsseite beklagt, mit dem die Konkurrenz ausgeschaltet ist und die Kunden keine ausreichende Wahl zwischen verschiedenen Alternativen mehr haben. Aber auch auf der Nachfrageseite kann es zu Marktmacht kommen. Konsumgüterhersteller in Deutschland beispielsweise sehen sich einer geringen Zahl an Einzelhandelsketten gegenüber. Ohne Zugang zu diesen Absatzkanälen lassen sich die entsprechenden Produkte aber nicht an den Markt bringen. Der Hersteller ist auf den Handel angewiesen. Wenn eine Handelskette wiederum einen hohen Marktanteil hat, ist eine Entscheidung eines Konsumgutanbieters gegen diese Kette gleichbedeutend mit dem Verlust des Zugangs zu großen Verbrauchergruppen. Anders formuliert: Wenn der Händler stark genug im Endverbrauchermarkt präsent ist, kann ein Hersteller es sich kaum erlauben, auf diesen Absatzkanal zu verzichten. Damit ist er auf den Händler angewiesen. Der Handel bekommt durch diese Abhängigkeit eine starke Marktposition gegenüber dem Produzenten. enn damit niedriger Preise durchgesetzt werden können und diese aufgrund eines intensiven Wettbewerbs zwischen den (wenigen) Handelsgruppen an die Kunden weitergegeben werden müssen, kann das für die Endverbraucher sogar vorteilhaft sein.

Wie Marktmacht und eingeschränkter Wettbewerb sich auswirken kann und wie wichtig die Schaffung von Wettbewerb zur Machtbegrenzung ist, zeigt die Situation der deutschen und europäischen Gasversorgung, die zu hohen Anteilen auf Erdgas aus Russland basierte, das über Pipelines nach Westen geführt wurde. Mehr als die Hälfte der Gasimporte Deutschlands stammten vor dem russischen Überfall auf die Ukraine aus Russland, sodass zumindest kurz und mittelfristig die reibungslose Gasversorgung von Privathaushalten, Industrie und Stromwirtschaft auf die

Lieferungen aus Sibirien angewiesen waren. Insofern konnte durchaus von einer Abhängigkeit gesprochen werden. Umgekehrt war der Gasexport aber auch ein bedeutender Faktor für die russischen Exporteinnahmen und verantwortet einen wichtigen Teil des russischen Staatshaushalts. Weder war Deutschland für seine Energieversorgung allein auf Russland angewiesen, noch war Russland allein von den europäischen Gasexporterlösen abhängig. Dennoch waren Lieferant und Kunde füreinander von hoher Bedeutung. Die bestehende Pipelineinfrastruktur stärkte diese Beziehung, weil der Gastransport mit bestehenden Pipelines billiger ist als der Transport mit Hilfe von Schiffen aus anderen Herkunftsländern beziehungsweise in andere Zielländer.

Die Abhängigkeit war eine wechselseitige, weil auf beiden Seiten kein Wettbewerb herrschte, der kurzfristig den dominierenden Anbieter oder den dominierenden Nachfrager ersetzen konnte. Sie war so lange stabil, wie beide Seiten leiden würden, wenn die Marktmacht missbraucht und die Lieferbeziehung einseitig aufgekündigt oder zumindest infrage gestellt würde. Hätte Europa sich plötzlich anders versorgt oder wäre damit gerechnet worden, dass Russland seine Lieferungen beschränken würde, wäre die andere Marktseite gezwungen gewesen, zusätzlichen Wettbewerb zu schaffen. Mehr Unabhängigkeit hätte für Europa bestanden, wenn neue Terminals für die Einfuhr von Flüssiggas gebaut und Verträge mit neuen Lieferanten geschlossen worden wären. Russisches hätte dann mit internationalem Gas in einem Umfang konkurriert, dass auch auf Lieferungen aus dem Osten hätte verzichtet werden können. Jeder Anbieter wäre damit in der Gefahr gewesen, aus dem Wettbewerb auszuscheiden. Die Ausnutzung von der Marktmacht Russlands wäre damit weit weniger möglich gewesen. Der russische Überfall auf die Ukraine hat eine schnelle Umorientierung der europäischen Gasversorgung weg von Russland notwendig gemacht.

Wirtschaftliche und politische Macht

Doch das Beispiel zeigt noch mehr: Machtpositionen, die auf Märkten erreicht werden konnten, haben nicht nur wirtschaftliche Konsequenzen wie verringerte Innovationsfähigkeit, höhere Preise oder schlechtere Qualitäten der Produkte. Wirtschaftliche Macht kann eng verbunden sein mit politischer Macht, sowohl im inneren wie im äußeren. In oligarchisch geprägten Staaten, in denen wirtschaftliche Macht in der Hand weniger ist, kann damit die Herrschaft einer Person gestützt – oder diese auch gestürzt werden. Nicht umsonst werden internationale Wirtschaftssanktionen inzwischen oft direkt gegen den Personenkreis eines Machthabers gerichtet. Die Hoffnung ist, dass durch die Sperrung von Konten oder die Beschränkung von Reisemöglichkeiten hochrangiger Freunde aus dem Kreis der Oligarchen Druck hin zu einer veränderten Politik oder gar zum Rücktritt des Amtsinhabers ausgeübt wird. Auch in China wird der wirtschaftliche Aufschwung benötigt, um die diktatorische Rolle der Kommunistischen Partei abzusichern. Dafür wird wirtschaftlicher Einfluss und mithin wirtschaftliche Macht als wesentliches Instrument angesehen. Aber auch außerhalb von Diktaturen und oligarchischen autoritären Staatsformen kann wirtschaftliche Macht politische Konsequenzen haben. So kann es vorkommen, dass zahlungskräftige Akteure übermäßigen Einfluss auf die ihnen genehmen Kandidaten ausüben können. Beschränkung von wirtschaftlicher Macht durch – aber nicht nur allein durch – Wettbewerb wird damit auch politisch hochbedeutend.

Wirtschaftliche Macht kann auch in äußeren Beziehungen als politischer Hebel eingesetzt werden, wodurch die Machtposition weitergetragen und gepflegt wird. Nicht nur militärischer Einfluss, auch wirtschaftliche Kraft hat

politische Konsequenzen. Das Ende des Kalten Kriegs
wurde dadurch ausgelöst, dass die wettbewerblichen orientierten Marktwirtschaften erfolgreich Wohlstand für ihre
Bevölkerungen und damit auch für die öffentlichen Haushalte generieren konnten, während die sozialistischen Planwirtschaften auf marktbasierten Wettbewerb verzichtet
haben. Wirtschaftlicher Niedergang, Versorgungslücken
bei grundlegenden Konsumgütern, niedrige Warenqualität,
Verfall von Innenstädten und Infrastruktur und schwache
Staatsfinanzen waren die Folge. Der Wettbewerb in Marktwirtschaften hat den damaligen Systemwettbewerb entschieden. Umgekehrt kann aber auch fehlender Wettbewerb, also Marktmacht in politischer Macht umgesetzt
werden. Während Wettbewerb Wohlstand ermöglicht und
damit indirekt politischen Einfluss ausübt, kann Marktmacht politisch genauso zur Durchsetzung von Interessen
genutzt werden, wie dies auch wirtschaftlich auf Monopol-
märkten geschieht. Dies ist in Autokratien wie Russland
und China zu beobachten. Russland baute auf die hohe Bedeutung seiner Energielieferungen für Europa, um politische Zugeständnisse zu erwirken.

Auch China hat ein sehr besonderes Verhältnis zum
Wettbewerb, das letztendlich auf die Sicherung und Ausweitung der unbeschränkten Herrschaft kommunistischen
Partei abzielt. Um das Schicksal der osteuropäischen Planwirtschaften nicht zu teilen, wurde Wettbewerb und private Initiative gezielt zur Stärkung der wirtschaftlichen
Leistungsfähigkeit eingesetzt. Staatliche Unternehmen
wurden teilweise aufgespalten, um die einzelnen Teile in
den Wettbewerb zueinander zu setzen. Der hohe Wohlstand wiederum diente der Stabilisierung der Diktatur, das
politischer Wettbewerb weiterhin rigide unterdrückt wird.
Auch wirtschaftlich besonders erfolgreiche Unternehmer
werden kaltgestellt, wenn von ihnen eine auch nur leichte

Bedrohung der politischen Macht auszugehen scheint. Gleichzeitig wird die hohe Marktmacht und der Wohlstand Chinas international politisch eingesetzt. Das de facto-Monopol mit Seltenen Erden – einer Gruppe von Metallen, die für viele moderne Hochtechnologie-Anwendungen benötigt werden – wurde beispielsweise als Druckmittel gegen Japan genutzt. Japan, obwohl größter internationaler Abnehmer dieser Stoffe, wurde im Streit um Seerechte teilweise boykottiert. Dies geschah nicht aus wirtschaftlichen Gründen, sondern war eine klare politische Ausnutzung der Monopolstellung. Auch an anderer Stelle wird versucht, mit Hilfe von wirtschaftlicher Stärke politische Machtpositionen zu erzielen. China hat in Mittel- und Südeuropa investiert und dadurch politischen Einfluss in den Ländern und mittelbar auch in der Europäischen Union gewonnen. Durch das Einstimmigkeitsprinzip in vielen Fragen, das jedem Mitgliedsstaat ein Vetorecht gibt, ist die EU für solche Einflussversuche besonders verwundbar. Durch staatliche Kredite für afrikanische Länder kann ebenfalls Wettbewerb zu Gunsten Chinas ausgeschlossen werden. Exklusiver Zugang zu Rohstoffen oder die Übernahme von Flughäfen oder Seehäfen im Fall fehlender Kreditrückzahlungen führen zu Abhängigkeitsverhältnissen, die an koloniale Vergangenheiten erinnern.

Das chinesische Beispiel zeigt, dass Wettbewerb auf verschiedenen Ebenen wirken kann beziehungsweise eingesetzt wird und dass damit die Machtpositionen auf diesen Ebenen gestärkt oder geschwächt werden können. Dort, wo der Wettbewerb herrscht, wird die Macht der Akteure begrenzt. Organisierter Wettbewerb auf der Ebene der Industrie soll wirtschaftliches Wachstum stärken. Getreu dem Motto „teile und herrsche" bedeutet dies aber auch, dass die politische Macht nicht durch wirtschaftliche Macht infrage gestellt werden kann. Und wo doch eine Bedrohung der

Staats- und Parteiführung wahrgenommen wird, kann der potenzielle Wettbewerber um politischen Einfluss schnell aus dem Rennen genommen werden.

Ähnlich geplant ist der Wettbewerb im US-Football. Die NFL-Mannschaften stehen in einem starken Wettbewerb zueinander. Durch egalisierende Auswahlregeln für neue Spieler werden die bestehenden Unterschiede tendenziell eingeebnet. Die erfolglosesten Vereine dürfen sich zuerst einen neuen Spieler auswählen und sich damit verstärken. Erst dann kommen die anderen nach und nach zum Zuge. Der Wettbewerb macht das Sportereignis attraktiv und stärkt damit die Position der Liga – auch im Wettbewerb mit anderen Sportarten und Unterhaltungsangeboten. Wettbewerb kann also geplant instrumentell eingesetzt oder allgemein zugelassen werden.

Die Möglichkeiten, Wettbewerb gezielt und planerisch einzusetzen, ohne die Freiheitsrechte einer marktwirtschaft-lichen Ordnung zu sichern, sind allerdings beschränkt. China versucht genau das und schafft damit auf der einen Seite Wohlstand, aber auf der anderen Seite ein systemati-sches Spannungsfeld zwischen zentralisierter Macht und dezentralen Ansprüchen auf zumindest wirtschaftliche Handlungsfreiheit. Schon in den zwanziger Jahren des letz-ten Jahrhunderts ist die damals noch junge Planwirtschaft in der Sowjetunion zwischenzeitlich unter der Bezeichnung „Neue Ökonomische Politik" um marktwirtschaftliche Ele-mente ergänzt worden. Später wurden das Konzept des Konkurrenzsozialismus entwickelt, mit dem die treibende Kraft des Wettbewerbs für bessere Ergebnisse der sozialisti-schen Zentralverwaltungswirtschaft eingesetzt werden soll. Prämien und Auszeichnungen für Planerfüllung und be-sondere Leistungen sollten zudem motivierend wirken. Die positive Wirkung des Wettbewerbs sollte genutzt werden, ohne dass damit die starke Machtposition der Zentralplaner und damit auch des herrschenden politischen Regimes auch nur vorsichtig infrage gestellt werden sollte.

Wenn Wettbewerb nicht nur in engen Grenzen zugelassen wird, werden Machtpositionen verändert. Auf gleicher Ebene werden Positionen der Stärke angreifbar gemacht. Damit werden aber auch darüberhinausgehende Machtstrukturen tendenziell infrage gestellt. Wettbewerb lässt sich nicht auf ein kleines Feld konzentrieren und ansonsten wirksam und sicher unterbinden. Mit einer teilweisen Öffnung für den Wettbewerb, ist eine Tür geöffnet, etablierte Machtpositionen zu verändern. Wirtschaftliche Macht kann sich gegen die herrschende politische Macht wenden. Die harte Hand der chinesischen Führung gegen milliardenschwere Profiteure des Systems, die zu unabhängig oder kritisch werden könnten, illustriert dies. Ähnlich ist es in Russland, wo Oligarchen ins Gefängnis gebracht werden, die sich gegen das autokratische System wenden. Die Inhaber politischer Macht verteidigen diese gegen den aufkommenden politischen Wettbewerb.

Weil Wettbewerb nicht nur aus Gründen der wirtschaftlichen Effizienz und der mit ihm verbundenen Innovationsanreize bedeutsam ist, sondern auch Macht begrenzt und damit die Funktionsfähigkeit einer dezentral organisierten Marktwirtschaft ebenso wie Freiheitsrechte von Verbrauchern und Anbietern sichert, ist er zentral für die Wirtschaftsordnung eines freiheitlichen Landes. Wer diese Freiheiten nicht schützen will, braucht auch keinen machtkontrollierenden Wettbewerb und kann versuchen, diesen auf seine Effizienz- und Innovationsfunktion zu beschränken. Die Soziale Marktwirtschaft hingegen ist als eine Ordnung der Freiheit nach den Erfahrungen der konkurrierenden Diktaturen des 20. Jahrhunderts entstanden. Wettbewerb auf wirtschaftlicher und politischer Ebene ist daher der zentrale Baustein unseres Gemeinwesens. Das bedeutet nicht, dass in jedem Bereich rücksichtslose Konkurrenz herrschen müsste, aber das Auswahlmöglichkeiten bestehen und Bürger sich für oder gegen bestimmte Alternativen entscheiden können, ohne in einseitigen Abhängigkeiten gefangen zu sein. Auch alte Ideen sind unangefochten wirkmächtig, solange sie nicht im Wettbewerb herausgefordert und damit auf den Prüfstand gestellt werden können. Neue Ideen können sich nicht durchsetzen, wenn der Wettbewerb der Argumente behindert oder gar verhindert wird. Auch in dieser Beziehung ist Wettbewerb unabdingbar für gesellschaftlichen Fortschritt.

7

Wettbewerb erzeugt Sicherheit

Einseitige Abhängigkeiten vermeiden

Sicherheit ist ein wichtiges Gut und für viele Menschen ein fundamentales Bedürfnis. Sicherheit der Einkommen und der Arbeitsplätze, aber auch Sicherheit hinsichtlich des beruflichen Umfelds, des Arbeitsalltags, der Beziehungen zu Kollegen und externen Partnern spielt eine wichtige Rolle. Nicht zuletzt haben die Lieferschwierigkeiten in vielen Produktionsketten nach der Corona-Krise gezeigt, wie wichtig stabile Lieferstrukturen sind. Stabilität und Sicherheit sind wichtige Säulen von Kooperation und wichtige soziale Bedürfnisse. Eine Gesellschaft kann sich nicht jederzeit optimieren und dazu völlig neu zusammensetzen, wie ein Computerprogramm das organisieren könnte. Vertrauen und Stabilität senken den Aufwand, immer den besten Partner zu suchen und sich in den Suchprozessen aufzureiben. Ökonomen sprechen von Transaktionskosten. Unsicherheit entsteht aber auch durch externe Risiken, auf

© Der/die Autor(en), exklusiv lizenziert an Springer Fachmedien Wiesbaden GmbH, ein Teil von Springer Nature 2023
H. Bardt, *Wettbewerb!*, https://doi.org/10.1007/978-3-658-39731-9_7

die schnell reagiert werden kann, auf die man sich aber –
zumindest in einem gewissen Rahmen – auch vorbereiten
kann. Schnelle Preisanstiege wie Öl- oder Gaspreisschocks,
wegfallende Finanzierungsmöglichkeiten in einer Finanzkrise, rapide technologische oder politische Neuerungen,
Blockaden, Sanktionen oder weltweite Lieferunterbrechun-
gen durch eine Pandemie sind Risiken, die zu Unsicherheit
führen. Kann Wettbewerb helfen, um zusätzliche Sicherheit zu schaffen?

Situationen, die nicht durch Wettbewerb geprägt sind,
vermitteln ein Gefühl von Sicherheit. Niemand ist in Sicht,
der die eigene Position streitig macht. Besondere Anstrengungen müssen nicht erbracht werden, um weiter
erfolgreich zu sein. Veränderungsdruck fehlt oder wird zumindest nicht wahrgenommen. Innovationen stören die
bisherigen Arbeitsweisen weit weniger, als wenn Konkurrenten mit Neuerungen vorangehen. Verluste für das Unternehmen, Schließung von Geschäften und der Abbau von
Arbeitsplätzen werden durch die eigene Schwäche im Wettbewerb verursacht. Ohne Wettbewerb, reduzieren sich diese
Bedrohungen erst einmal, vor allem auf die kurze Frist.
Stress wird kleiner, Sicherheit wird größer. Bestehende Beziehungen können gepflegt werden, wenn Kunden nicht
wechseln und Lieferanten stets dieselben bleiben. Stabilität,
in der niemand den Erfolg von anderen gefährdet, sorgt für
Ruhe und Sicherheit. Geradezu familiäre Beziehungen zwischen Partnern verhindern die Eskalation von Konflikten
und geben die Aussicht auf langfristige Kooperationen.
Sorgen erscheinen in dieser Welt unbegründet. Das Gefühl
von Sicherheit ist groß. Stress und Unsicherheiten, die aus
dem Wettbewerb entstehen können, fallen gering aus oder
sogar ganz weg. Motivation muss aus innerem Antrieb
kommen, nicht aus den Ansprüchen der Kunden und dem
Druck der Konkurrenten, die diese Ansprüche auch – und

vielleicht besser – befriedigen können. Genauso wie die Unsicherheit hinsichtlich der Kundenbeziehungen in wettbewerbslosen Strukturen wegfällt, gilt dies auch auf der Zulieferseite. Lieferanten sind verlässlich und drohen nicht mit priorisierter Belieferung der Wettbewerber, wenn sie fest an die Kunden gebunden sind. Firmenkonglomerate, in denen wichtige Lieferungen immer inhouse, also bei den eigenen Kollegen im Firmenverbund, bestellt werden, ohne auf die Optionen der Wettbewerber zurückzugreifen, können solche Räume mit nur geringem Wettbewerb sein. Und in der Tat können sich Vorteile ergeben: Der Mangel an Halbleitern nach der ersten weltweiten Corona-Welle hat die Autoindustrie international hart getroffen. Koreanische Hersteller waren besser aufgestellt, weil sie innerhalb der großen Firmenverbünde von den Schwesterfirmen mit Halbleitern versorgt wurden, während die anderen Hersteller sich auf dem Markt im Wettbewerb mit vielen anderen Nachfragern behaupten und hinten in der Schlange anstellen mussten. Braucht es also nicht viel mehr Stabilität in den Lieferanten- und Kundenbeziehungen, weniger situationsbedingten Wechsel und somit weniger Wettbewerb, um ein Mehr an Sicherheit in wirtschaftlichen Prozessen zu erzeugen? Ist es nicht immer der übermächtige Konkurrenzdruck, der die Zukunft eines Unternehmens gefährdet und der zum Abbau von Arbeitsplätzen zwingt? Bedeutet Wettbewerb nicht gerade Unsicherheit?

Umgekehrt formuliert: Warum sollte gerade Wettbewerb als Nebeneffekt – neben Effizienz und Innovationskraft – auch noch so etwas wie Sicherheit erzeugen? Ist es nicht gerade die Funktion des Wettbewerbs, bestehende Strukturen infrage zu stellen, neues zuzulassen und damit Stabilität infrage zu stellen. Wird nicht erst durch den Druck der Konkurrenz und durch den drohenden Verlust an Marktanteilen und Gewinnen die notwendigen Veränderungen

ausgelöst, die größere Effizienz und Innovationen hervor-
bringen? Vernichtet nicht Wettbewerb gerade die Räume
der Kooperation, in denen man sich vielleicht auch bequem
einrichten kann und schlechte Leistungen bei Kollegen
oder Lieferanten tolerieren kann?

Die Antwort ist Ja. Und sie ist zugleich Nein. Mit Wettbewerb werden bestehende Strukturen immer wieder aufgebrochen. Der Neuerungsdruck des Wettbewerbs bedeutet
Veränderung und verhindert ein Übermaß an Stabilität. Und
damit ist auch untrennbar verbunden, dass die Sicherheit,
dauerhaft so weiter machen zu können wie bisher und die gleiche Belohnung dafür zu erhalten, nicht gegeben werden kann.
Und gleichzeitig schafft Wettbewerb auch Sicherheit, und dies
gleich in mehreren Dimensionen. Durch Wettbewerb kann
auf mehr Zulieferer zurückgegriffen werden. Lieferanten
haben ein Interesse daran, zuverlässig zu liefern und damit den
Kunden zu behalten. Und wenn man sich selbst dem Wettbewerb stellt, stellt man sich auch besser auf den Wettbewerb
ein. Stärken müssen auf- und ausgebaut, Innovationen angestrebt und Reaktionsfähigkeit auf Unerwartetes entwickelt
werden. Dies alles im Wettbewerb zu lernen und dann zu können, schafft die zusätzliche Sicherheit mit unerwarteten Entwicklungen oder absehbaren Herausforderungen erfolgreich
umgehen zu können.

Wer immer nur einen einzigen Anbieter oder Nachfrager,
Lieferanten oder Kunden hat, befindet sich in einer mehr
oder weniger ausgeprägten Abhängigkeit. Das gilt zumindest dann, wenn kurzfristig kein Ersatz verfügbar ist,
auf den ohne große Umstellungskosten zurückgegriffen
werden kann. Ein Autohersteller kann auf bestimmte technische Komponenten von einem einzigen Hersteller angewiesen sein. Wenn dieser Kompetenzträger ausfällt, steht
die ganze Produktion still. Selbst wenn Alternativen auf
dem Markt verfügbar sind, ist eine schnelle Umstellung oft-

mals nicht möglich oder mit hohen Kosten verbunden. Elektronische Systeme anderer Lieferanten verlangen möglicherweise weitergehende Veränderungen. Oftmals gibt es auch nur eine sehr begrenzte Anzahl von Anbietern.

Dass die Auswahl nicht groß ist, kann auch mit einem intensiven Innovationswettbewerb zusammenhängen. Schauen wir auf die berühmten Hidden Champions, die hochspezialisierten, aber in der breiten Öffentlichkeit weitgehend unbekannten Weltmarktführer, wie sie im deutschen Mittelstand häufig anzutreffen sind. Die Unternehmen sind deshalb so erfolgreich, weil sie als hoch spezialisierter Anbieter in einer kleinen Nische tätig sind. Damit können sie ihre Innovationskapazität stark konzentrieren und erfolgreiche Produkte anbieten. Je höher der Spezialisierungsgrad ist, desto kleiner ist allerdings die Nische und je weniger ist mit direktem Wettbewerb zu rechnen, zumindest auf dem hohen Kompetenzlevel. Wer höchst innovativen technologischen Lösungen braucht, ist oftmals auf wenige Anbieter angewiesen – die Markt- und Innovationsführer für die spezifische Komponente. Das bedeutet umgekehrt, dass es an der innovativen Spitze zumindest temporär nur eingeschränkten Wettbewerb gibt. Wer nicht vom Innovationsführer beliefert wird, kann die besten und neuesten Komponenten nicht verwenden und selbst ein schlechteres Endprodukt anbieten. Wettbewerb besteht dann zwischen dem Anbieter mit besonderer Qualität und dem nächstbesten mit niedrigeren Preisen. Der kurzfristige Wechsel wird jedoch erschwert. Damit stellt sich für die Weiterverarbeitenden Unternehmen die Frage, ob sie die Spezialisierungsvorteile ihrer Lieferanten benötigen und dafür Abhängigkeitsverhältnisse in Kauf nehmen, oder ob sie sich für eine Produktpalette entscheiden, bei denen auf der Zulieferebene genügend Anbieter für einen intensiven Wettbewerb oder zumindest als Backup-Option bei Ausfällen zur Verfügung stehen.

Gerade auf Energie- und Rohstoffmärkten gibt es hohe Abhängigkeiten von Lieferanten, für die kein adäquater Wettbewerber am Markt tätig oder kurzfristig verfügbar ist. Wichtige Hochtechnologiemetalle wie Kobalt oder Seltene Erden (der Name täuscht – zum einen sind es Metalle, zum anderen sind sie nicht selten, sondern kommen in schwacher Konzentration durchaus häufig vor) werden nur an wenigen Stellen auf der Welt gefördert. Viele der Seltenen Erden, die zum Beispiel für Hochleistungsmagnete benötigt werden, stammen größtenteils aus China. Hier kann bei hohen Marktanteilen in Bergbau und anschließender Produktion von nahezu monopolistischen Strukturen gesprochen werden kann. Da der Wert dieser Stoffe relativ niedrig ist, lohnt sich die Produktion vor allem als Nebenprodukt des Bergbaus auf andere Rohstoffe. Solange der dominierende Anbieter liefert, besteht kein Problem. Wenn die Lieferungen aber ausfallen oder die marktbeherrschende Stellung quasi erpresserisch missbrauchen, wird es für die Kunden schwierig. Neue Bergwerke erfordern Milliardeninvestitionen – und sie rechnen sich nicht, wenn der bisherige Monopolist wieder auskömmlich liefert.

Auch bei Energierohstoffen kann ein schneller Umstieg auf alternative Anbieter schwierig bis unmöglich sein. Was kann ein privater Haushalt tun, wenn Erdgas für die Heizung knapp oder teuer wird? Ein Umstieg auf Öl, Strom, Erdwärme, Biomasse oder Solarthermie ist teuer und kurzfristig unrealistisch. Zwar kann zwischen Gaslieferanten gewählt werden, aber die Form der Gasversorgung ist konkurrenzlos, wenn nicht die ganze Heizungsanlage gewechselt und entsprechend investiert werden soll. Wenn eine Erneuerung ansteht, werden die langfristigen Kostenperspektiven der unterschiedlichen Optionen in den Blick genommen. Nach der getätigten Investition kann auf veränderte Kostenstrukturen nur sehr eingeschränkt reagiert werden. Was im Kleinen bei Endprodukten gilt, gilt

auch im Großen bei Energierohstoffen – vor allem bei leitungs-
gebundenen Energietransporten. Rohöl wird zu wesentlichen
Teilen über Schiffe transportiert, die auf dem Weltmarkt gehandelt und von einem Kunden zum anderen umgeleitet werden können. Wenn ein Anbieter ausfällt, sind die Chancen
gut, sich – wenn auch zu höheren Preisen – auf dem Weltmarkt zu versorgen. Bei einer pipelinebasierten Gasversorgung
sieht diese Situation anders aus. Wenn die Infrastruktur einmal
etabliert ist, ist die Abnahme von Gas über die Rohrverbindung
konkurrenzlos günstig. Zusätzliche Infrastrukturen für teure
Flüssiggastransporte werden dann nur sehr begrenzt genutzt,
sodass sich ihr Aufbau kaum rechnet. Wenn der über die Pipe-
line an seinen Markt angeschlossene Anbieter aber seine Stellung missbraucht und beispielsweise die Versorgung nicht
sicherstellt, werden Alternativen plötzlich wichtig. Wenn die
Mehrkosten einer zusätzlichen und unterausgelasteten Infrastruktur zuvor aufgebracht wurden, um damit eine Art
Versicherung für den Krisenfall abzuschließen, besteht die notwendig gewordene Unabhängigkeit. Es gibt eine Wettbewerbs-
alternative, aber die kostet Geld, dass kollektiv aufgebracht
werden muss für einen Fall, der vielleicht niemals eintritt.
Wettbewerb ist nicht immer kostenlos zu haben.

Abhängigkeiten durch fehlenden Wettbewerb können
ebenso auf der Nachfrageseite entstehen. So wie ein Unternehmen von einem Zulieferer mit besonderen Kompetenzen abhängig ist, kann ein Anbieter auch von einem einzigen oder zumindest dominanten Nachfrager gebunden
sein. Viele Lebensmittelhersteller müssen mit erheblichen
Geschäftseinbußen rechnen, wenn große Handelsketten
nicht mehr bei Ihnen einkaufen. Spezialisierte Angebote,
die sich auf einen oder wenige Nachfrager ausrichten, bringen das Risiko mit sich, dass der Kunde abspringt, die
Technologie durch Innovationen obsolet wird oder das Geschäft des zentralen Kunden selbst zurückgeht. Egal was die

Ursache ist, die Abhängigkeit von einzelnen dominanten Nachfragern bringt hohe Risiken mit sich. Dominante Nachfrager können Konditionen bestimmen und Interessen durchsetzen. Für die Anbieter bedeutet dies eine Situation der Unsicherheit, die von möglicher Willkür der Kunden geprägt ist. Nun gibt es immer unvorhergesehene und willkürliche Kundenentscheidungen. Wenn einzelne Käufer abspringen, sind die Einbußen überschaubar. Aber wenn es nur einen relevanten Abnehmer gibt, kommt es zu einer Eins-Null-Entscheidung. Ja oder Nein. An oder Aus. Entweder der Kunde ist treu, oder das Geschäft ist am Ende.

All diese Risiken und Unsicherheiten, die durch den Mangel an Wettbewerb entstehen, können durch ein Instrument verringert werden: Mehr Wettbewerb. Wenn alternative Marktpartner verfügbar sind, besteht eine Wahl, mit wem zusammengearbeitet wird. Wer aber die Wahl hat, sich für oder gegen einen Anbieter beziehungsweise Nachfrager zu entscheiden, ist unabhängig und in Sicherheit vor Willkür und einseitiger Machtausübung. Ein einzelner Konkurrent reduziert zwar die Abhängigkeiten, eliminiert sie aber nicht. Auch wenn die Wahl zwischen zwei Partnern besteht, ist der Wechsel nicht immer möglich und schon gar nicht kostenlos. Kapazitäten sind nicht immer vorhanden oder vertraglich an andere Kunden gebunden. Alternativen können nur zu höheren Kosten, anderen Konfigurationen und unpassenden Qualitäten verfügbar sein. Und die Umstellung selbst kann hohe Kosten mit sich bringen. All das verringert die Reaktionsmöglichkeit in kritischen Situationen. Umgekehrt können diese direkten und indirekten Kosten aber auch als eine Art Versicherungsprämie angesehen werden, die gegen die Kosten der Abhängigkeit abgewogen werden müssen. Ein Mehr an Sicherheit kostet Geld.

Komplexe Lieferantennetzwerke

Mit den Versorgungsschwierigkeiten, die von der viele Industrieunternehmen nach der Corona-Krise betroffen waren, ist deutlich geworden, dass die Sicherheit der Lieferketten nicht automatisch gewährleistet ist. Unternehmen sind auf eine Vielzahl von Lieferanten angewiesen. Bei größeren Unternehmen kommen schnell fünfstellige Zahlen von direkten Zulieferern zustande. Diese haben wiederum Zulieferer, die auch Zulieferer haben. Das Netzwerk ist auf der ganzen Welt verteilt. Die Gesamtzahl der eingebundenen Firmen wird schnell unüberschaubar. Schwierig wird es dann, wenn Komponenten nicht mehr geliefert werden, für die es keine Verträge mit alternativen Bezugsquellen gibt oder wo zusätzliche Kapazitäten einfach nicht verfügbar sind. Es droht dann der Ausfall der eigenen Produktion. Die Unsicherheit vergrößert sich dann, wenn es eine Reihe von solchen kritischen Komponenten – irgendwo in der Zuliefererkette gibt. Es kann ein Rohstoff sein, den ein Weiterverarbeiter mit einsetzen muss, von dem der Endprodukterzeuger gar nichts weiß. Fällt dieser Rohstoff aus und gibt es keine Alternative, steht die ganze Produktion in der gesamten Lieferkette still. Der Hersteller kann sein Endprodukt nicht anbieten, alle Zulieferer und deren Zulieferer werden dann auch nicht mehr benötigt. Irgendwo in diesem Netzwerk schlummern Ausfallrisiken, von denen die meisten potenziell Betroffenen gar nichts ahnen. Ausgelöst werden können solche Ereignisse beispielsweise durch menschgemachte Engpässe wie Streiks oder verschärfte Produktionsauflagen, technische Probleme, Unfälle oder gesundheitsbezogene Einschränkungen in der Produktion, mangelnde Transportkapazitäten, pandemiebedingt geschlossene Grenzen oder andere Logistikengpässe und nicht zuletzt politische Risiken wie kriegerische Auseinandersetzungen, Protektionismus, Sanktionen, Boykotte oder andere Blockaden. Für Unternehmen sind solche Ereignisse, die entweder sehr selten vorkommen oder stark politische motiviert sind, nur schwer zu kalkulieren. Eine vollständige und sichere Vorhersage, um die kurzfristigen Planungen entsprechend umzustellen, ist nicht leistbar. Es stellt sich daher die Frage, wie das Risiko, dass das eigene Unternehmen stark von Versorgungsrisiken betroffen ist und entsprechende wirtschaftliche Schäden getragen werden müssen, möglichst gut begrenzt werden kann.

Sowohl die Anbieter als auch die Nachfrager können durch Wettbewerb einen wichtigen Beitrag zur Reduktion potenzieller Ausfallschäden leisten. So wie Abhängigkeiten Gefahren bergen, schafft die Unabhängigkeit durch Auswahlmöglichen im Wettbewerb Sicherheit. Als Nachfrager hat ein Unternehmen die Möglichkeit den Wettbewerb zu nutzen oder sogar zu befördern, indem auf eine Mehrzahl von Zulieferern für wichtige Rohstoffe, Zwischenprodukte und Komponenten gesetzt wird. Wer mehre Optionen hat, die im Wettbewerb zueinanderstehen, kann sich auch versorgen, wenn ein wichtiger Lieferant ausfällt. Gleichzeitig schützt sich der Kunde damit gegen Übervorteilung durch einen dominanten Anbieter. Wer die Wahl hat, muss sich nicht einem Geschäftspartner ausliefern, der seine Marktmacht durch schlechten Service oder hohe Preise ausnutzt.

So wichtig ein Netz aus Zulieferern ist, die man in den Wettbewerb zueinander stellen kann, kostenlos ist das nicht zu haben. Mehrere Lieferanten müssen gewonnen und gebunden werden. Qualitätskontrolle, Überwachung von Prozessen, Klärung und Kontrolle von Umwelt- und Sozialstandards muss für jeden zusätzlichen Lieferanten organisiert werden. Lieferanten müssen geschult und mit den konkreten Anforderungen vertraut gemacht werden. Gleichzeitig gehen Größenvorteile verloren, wenn die Einkaufsbudgets auf mehrere Unternehmen verteilt werden. Wenn bei einem Hersteller eine große Menge bestellt wird, sind bessere – also aus Kundensicht niedrigere – Preise zu realisieren, als wenn bei mehreren Herstellern jeweils eine kleinere Menge geordert wird. Wegfallende Mengenrabatte, die gewährt werden, weil große Aufträge für die Lieferanten weniger Organisationskosten verursachen und mehr Planungssicherheit geben als viele kleine, sind direkt sichtbare Kosten. Aber auch direkte Mehrkosten können erheblich sein. Wenn ein Anbieter für einen exklusiven Liefervertrag günstige Konditionen anbietet, wird durch den Verzicht auf Alternativen und damit auf Ausweichmöglichkeiten im vertraglich definierten Zeitraum eine Kostenersparnis realisiert. Abhängigkeit kann dann im Tausch mit niedrigeren Kosten in Kauf genommen werden. Wenn nun umgekehrt zusätzliche Lieferanten eingebunden werden, geht die Exklusivität verloren und höhere Preise werden verlangt.

Ein konkretes Beispiel hierfür ist die deutsche beziehungsweise europäische Gasversorgung. Deutschland hatte vor den Angriffen Russlands auf die Ukraine gut die Hälfte der Importe von Erdgas aus Russland bezogen. Die damit einhergehende Abhängigkeit – im besten Fall eine wechselseitige, im schlechteren Fall eine einseitige Abhängigkeit – kann durch zusätzliche Importe aus anderen Ländern gesenkt werden. Die Möglichkeit, kurzfristig ausweichen zu können, führt dann zu wirkungsvollem Wettbewerb, wenn durch kurzfristig aktivierbare Alternativen auf einen Lieferanten – in diesem Fall mit Russland den größten Lieferanten – verzichtet werden kann. Da die alternative Versorgung über Flüssiggas vom Weltmarkt aber deutlich teurer ist, bedeutet die Absicherungsfunktion des Wettbewerbs erst einmal höhere Kosten. Auch wenn die Lieferungen von Drittstaaten nicht jederzeit benötigt würden, müssten doch die

Optionskosten für einen kurzfristigen Wechsel bezahlt werden. Das positive Ergebnis des Wettbewerbs liegt dann vor allem in der größeren Sicherheit vor ungeplanten, wirtschaftlich oder – noch schwerer zu kalkulieren – politisch motivierten Versorgungsausfällen. Auch zusätzliche Speicher oder Möglichkeiten, Gas kurzfristig durch andere Energieträger zu ersetzen, beispielsweise durch den verstärkten Einsatz von Kohlekraftwerken, trägt zu einem höheren Maß an Versorgungssicherheit bei – ist aber auch immer mit zusätzlichen Kosten und Umweltschäden verbunden.

Aber nicht nur Nachfrager können durch die Nutzung von Wettbewerb Sicherheit erzeugen, auch Anbieter werden vom Wettbewerb gedrängt, Zuverlässigkeit zu beweisen und Versorgungssicherheit herzustellen. Sie können und müssen eine sichere Leistungserstellung anstreben und können damit ein Verkaufsargument für ihre (potenziellen) Kunden entwickeln. Gerade in Zeiten, in denen es Probleme der Stabilität internationaler Wertschöpfungsketten gegeben hat, kann Verlässlichkeit ein wichtiger Wettbewerbsvorteil sein. Wenn sichere Versorgung relativ zu anderen Eigenschaften an Bedeutung gewinnt, ohne dass damit Qualität oder Preise irrelevant wären, können und werden sich Unternehmen darauf einstellen und nach Möglichkeiten suchen, glaubwürdige Liefergarantien anbieten zu können. Eigene Lagerhaltung kann beispielsweise eine Pufferfunktion übernehmen. Ein gutes Beispiel ist auch hier die Automobilindustrie. Hier kann sich kein Zulieferer Unzuverlässigkeit leisten. Wenn aufgrund fehlender Teile die Produktion der Autofabriken gestoppt werden müssen, drohen hohen Konventionalstrafen, die schlimmstenfalls existenzbedrohend sein können. Lieferanten sind damit faktisch gezwungen, auch unter Inkaufnahme hoher Kosten lieferfähig zu bleiben. Dies ist besonders ausgeprägt, weil die Hersteller eine besonders starke Stellung haben und für die Zulieferer unverzichtbare Kunden sind und insofern Abhängigkeiten bestehen. Aber auch auf Märkten mit vielen Teilnehmern auf beiden Seiten wird die Zusicherung der Versorgungssicherheit dann für die Lieferanten wichtig, wenn die Kunden dies verlangen und andere Konkurrenten hier Fortschritte vorweisen können. Wer in schwierigen Phasen keine sichere Versorgung leisten kann, fällt als Lieferant von kritischen Vorprodukten aus und gefährdet damit seine eigene Geschäftsgrundlage. Wettbewerb zwingt Anbieter zur notwendigen Stärkung der Sicherheit.

Ein internationales Netz mit vielen Anbieter, vielen Nachfragern und viel Wettbewerb, in denen es keine oder nur wenige wirklich unverzichtbare Akteure gibt, die sich über die Sorgen und Interessen ihrer Partner hinwegsetzen können, ist die beste Garantie für sichere Wertschöpfungsketten. Wenn die Zulieferer nur aus einer Region kommen, selbst wenn sie nah am Heimatmarkt ist, bestehen Risiken. Naturkatastrophen, Logistikprobleme oder politische Einschränkungen können Versorgungswege unterbrechen. Auswahlmöglichkeiten aus einer Vielzahl von Anbietern, die im Wettbewerb um Innovationen, Qualität, Kosteneffizienz und Lieferzuverlässigkeit stehen, sichern die wirtschaftliche Zusammenarbeit und ermöglichen es, Ausfälle auszugleichen und eine Ausbreitung oder Weitergabe von Lieferproblemen zu verhindern. Renationalisierung und Verringerung der Optionen im Handel schwächt die Fähigkeit, Risiken zu vermeiden. Die Globalisierung als globales Wettbewerbssystem schafft Sicherheit.

Wettbewerb macht Stress und schafft damit Unsicherheit, produziert aber gleichzeitig in hohem Maße Sicherheit. Wie passt das zusammen? Was auf den ersten Blick wie ein fundamentaler Widerspruch erscheint, ist in Wahrheit keiner. Auch die Aufgabe, Sicherheit bereitzustellen, ist mit Anstrengungen und Stress verbunden. Insbesondere für diejenigen, die dieser Aufgabe nicht gewachsen sind, sind negative Konsequenzen zu befürchten. Unzuverlässige Unternehmen verschwinden vom Markt, sie haben keine Sicherheit für ihre Gewinne und die Einkommen und Arbeitsplätze ihrer Beschäftigten.

Aber Wettbewerb bereitet gleichzeitig darauf vor, im Wettbewerb bestehen zu können. Die Tatsache, dass Konkurrenten ihre Leistungen anbieten, zwingt dazu, sich regelmäßig an die aktuellen Standards anzupassen oder diese sogar zu übertreffen. Wettbewerb ist wie ein dauerhaftes Training auf hohem Niveau. Gut trainiert muss man den Wettkampf nicht scheuen. Wer im wirtschaftlichen Wettbewerb erfolgreich besteht, muss sich auch vor dem Wettbewerb nicht fürchten und hat eine größere Sicherheit als derjenige, der bisher geschützt war und plötzlich dem Wettbewerb ausgesetzt ist. Wettbewerb schafft damit auch die Sicherheit, im Wettbewerb bestehen zu können. Wenn plötzlich neue Wettbewerber auftreten, innovative Technologien bestehende Geschäftsmodelle obsolet machen oder wichtige Märkte wegbrechen, sind Unternehmen gefährdet. Auch die beste Vorbereitung bietet keine Garantie. Aber eine hohe Leistungs- und Reaktionsfähigkeit, reduziert die Gefahren. Branchen, die zunächst durch Zölle geschützt sind, dann aber schnell an das kompetitive Niveau internationaler Player herankommen müssen, haben oft Schwierigkeiten und drohen unter die Räder zu kommen. Nicht durch den Wettbewerb, sondern durch den fehlenden Wettbewerbsdruck in der Vergangenheit. Wer laufend im Wettbewerb steht und die hohen Ansprüche der Kunden erfüllen muss, hat auch die besten Chancen, mit ungeahnten Herausforderungen umzugehen und diese zu meistern. Wettbewerb schafft damit Sicherheit, auch für die miteinander konkurrierenden Unternehmen.

8

Wettbewerb schont Ressourcen

Natürliche Lebensgrundlagen in der Marktwirtschaft

In den letzten Jahren ist der Klimaschutz immer wichtiger geworden. Oder: er ist immer stärker ins öffentliche Bewusstsein gekommen und politisch höher priorisiert worden – wichtig ist der Schutz des Klimas schon länger. Konkrete Regulierungen und technologische Vorgaben sind ebenso zur Erreichung der Emissionsminderungsziele beschlossen worden wie Förderprogramme und Steuern. Mit dem Emissionshandel steht sogar ein eigener, marktbasierter Ansatz zur Reduktion des Austauschs von Treibhausgasen bereit. Weitere Fördermaßnahmen werden nötig sein, um eine erfolgreiche Transformation der Industrie möglich zu machen und damit ein Beispiel dafür zu setzen, wie industriebasierter Wohlstand und Klimaschutz miteinander vereinbar sind.

Klimaschutz ist eine Jahrhundertaufgabe. Der notwendige Umbau der industriellen Produktion ist eine bis-

H. Bardt, *Wettbewerb!*, https://doi.org/10.1007/978-3-658-39731-9_8

her nie realisierte Herausforderung. Stromerzeugung, industrielle Energieversorgung, Mobilitätsformen und Hausheizung werden sich grundlegend verändern. Wie dies geschieht, welche Kosten damit verbunden sind und wer diese zu tragen hat, ist offen und Teil der zu klärenden Kontroversen. Eine solche Veränderung, die auch mit erzwungenen Verhaltensumstellungen, Einkommensverlusten und der Entwertung bestehender Kompetenzen oder Güter verbunden sein wird, ist nicht ohne Konflikte möglich. Dabei wird auch die Gewichtung der unterschiedlichen Dimensionen der Nachhaltigkeit immer neu zu diskutieren sein. Einige gewichten wirtschaftliche und soziale Ziele höher, für andere muss alles hinter dem Ziel des maximalen Klimaschutzes zurückstehen.

Wer nicht davon ausgeht, dass wirtschaftliche, soziale und ökologische Ziele in einem angemessenen Ausgleich gemeinsam erreicht werden können, hat vielleicht auch generell eine kritische Einschätzung hinsichtlich marktwirtschaftlicher Wirtschaftsordnungen. Dies bringt einige Gruppen dazu, nicht etwa ein angemessenes Regelwerk für Unternehmen in einer marktwirtschaftlichen Ordnung zu suchen, sondern den Kapitalismus gleich ganz abschaffen zu wollen. Kapitalismus wird als ressourcenverschwendendes System verstanden, das keine Rücksicht auf ökologische Grenzen nimmt; nur die Abschaffung des Kapitalismus und der internationalen wirtschaftlichen Kooperation von Unternehmen könne den Schutz des Klimas sicherstellen. Unnötige Produkte, zu hoher Konsum und mangelndes Interesse an der Reduktion von Emissionen führe dazu, dass keine Rücksicht auf die ökologischen Notwendigkeiten genommen werde. Kurzfristige Interessen würden gegenüber den langfristigen Überlebenschancen auf dem Planeten priorisiert. Wenn es um die Zukunft der Menschheit gehe, könne das nicht eigeninteressierten Managern und gewinnorientierten Investoren überlassen bleiben. Eine angemessene Langfrist- und Gemeinwohlorientierung erfordere die Abschaffung des Kapitalismus und damit des Wettbewerbs als grundlegendes, ordnendes Prinzip einer modernen Volkswirtschaft.

Natürlich ist die Entwicklung einer kapitalistischen und wohlhabenderen Welt eng verbunden mit dem Anstieg der Treibhausgasemissionen der letzten Jahrzehnte. Nicht zufällig wird der Temperaturanstieg regelmäßig an dem vorindustriellen Level gemessen. Industrielle Produktion und entsprechender Konsum waren für große Teile der Emissionen verantwortlich. Die wettbewerblich-kapitalistische Wirtschaftsweise, die Produktion erhöht und damit den Lebensstandard der Menschen weltweit gesteigert hat, hat damit auch zu größeren Umweltproblemen geführt. Was für heute für das Klima gilt, galt in der zweiten Hälfte des zwanzigsten Jahrhunderts vor allem für Luft und Wasser. Schmutziger Flüsse, unkontrollierte Abfälle und Abwässer sowie verschmutzte Luft waren zentrale Umweltprobleme, die aus einer modernen, industriebasierten Lebens- und Produktionsweise erwachsen sind. Der Slogan vom blauen Himmel über der Ruhr, der durch die Reduktion von Abgasen wieder sichtbar werden sollte, hat dies plastisch deutlich gemacht. Der Kampf gegen das Waldsterben in den achtziger Jahren war mit neuen Regeln für Industrie und Verkehr verbunden.

Ohne eine gute Regelgrundlage kann der Wettbewerb Umweltprobleme nicht angemessen berücksichtigen. Wenn die Regeln nicht gut definiert sind, gibt es auch kein gutes Ergebnis. Wettbewerb kann zwar spontan entstehen, auch die Spielregeln können sich nach und nach entwickeln, ohne dass es zwingend einer staatlichen Vorgabe bedarf. Wenn sich die Marktteilnehmer über angemessene Umgangsformen einig sind und sie damit niemanden ausschließen, der auch mitmachen will, können auch auf dieser Ebene Rahmenbedingungen gesetzt werden. Problematisch wird es aber spätestens dann, wenn dadurch ein Geschäft zu Lasten Dritter entsteht. Bei Umweltproblemen liegt aber genau das regelmäßig vor. Die Marktteilnehmer berücksichtigen die Kosten nicht angemessen, die durch das wirtschaftliche Handeln an anderer Stelle entstehen.

Wenn ein Unternehmen ein Produkt anbietet, kann es das nur tun, wenn die erwarteten Erträge höher sind als die Kosten. Wenn starker Wettbewerb herrscht, ist der Spielraum begrenzt, deutlich höhere Preise zu verlangen. Was passiert nun, wenn ein Teil der Kosten irgendwo anders anfällt, weil beispielsweise die Folgen der Umweltverschmutzung von anderen getragen oder die Schäden später wieder ausgeglichen werden müssen? Dann kann das Unternehmen auch produzieren, wenn nur ein Teil der Kosten durch die Einnahmen gedeckt sind. Es wird also mehr produziert, weil bestimmte Kosten ignoriert werden und auf die Allgemeinheit abgeschoben werden können. Ökonomen sprechen von externen Kosten. Damit ist aber die ganze Wirtschaftlichkeitsrechnung verzerrt, der Wettbewerb führt zu Ineffizienzen. Zu einer funktionsfähigen Wettbewerbsordnung gehört, dass diese externen Kosten bei den wirtschaftlichen Entscheidungen berücksichtigt werden. Dann geht zwar nicht die Umweltverschmutzung auf null, aber die Umweltkosten müssen mit dem Nutzen der Produktion abgewogen werden. Ohne entsprechende Maßnahmen entstehen Umweltschäden, die nicht durch einen besonderen Wohlstandsgewinn gerechtfertigt werden können. Welches Umweltschutzniveau angestrebt wird, ist ebenfalls eine gesellschaftliche Entscheidung, die nicht einem unbeeinflussten Wettbewerb allein überlassen wird. Wenn es aber darum geht, diese Ziele möglichst gut zu erreichen, kommt der Wettbewerb wieder ins Spiel.

Eng verbunden mit dem Vorwurf der unkontrollierten Umweltverschmutzung durch eine kapitalistische oder marktwirtschaftliche Wirtschaftsordnung ist auch die These vom unverantwortlich hohen und ineffizienten Ressourcenverbrauch. Der Kapitalismus führe zu einer Übernutzung der globalen Ressourcen und bringe Verschwendung mit sich, mit der die eigenen Lebensgrundlagen untergraben werden. Die Grenzen des Wachstums wurden schon zu Beginn der siebziger Jahre vom Club of Rome postuliert. Die These dieses Wachstums- und Ressourcenpessimismus geht davon aus, dass die Bedarfe an natürlichen Rohstoffen immer weiter steigen und die Vorkommen auf der Erde damit eher früher als später überlastet werden. Ähnliche Thesen gab es bereits im 19. Jahrhundert, nachdem der britische Ökonom Thomas Malthus postulierte, dass die Bevölkerung systematisch schneller zunehmen werde als die Nahrungsmittelproduktion. Erst die Industrialisierung machte diesem Zusammenhang ein Ende, insbesondere intensivere Landwirtschaft, Kunstdünger und andere Innovationen ermöglichte eine immer bessere Versorgung für immer mehr Menschen.

Nun sind landwirtschaftliche Rohstoffe zwar nachwachsend und können damit vermehrt werden, Metalle und fossile Energierohstoffe sind hingegen endlich – und Kohle, Öl und Gas werden auch noch bei der Nutzung vernichtet und können nicht wiederverwertet werden. Bedeutet das dann, dass wir global systematisch zu viele Ressourcen vergeuden und daran in einer wettbewerblichen Marktwirtschaft auch nichts ändern können? Ist die Wegwerf- und Überflussgesellschaft, die ohne Rücksicht auf das Morgen den Konsum im heute maximieren will, ein mit dem Kapitalismus untrennbar verbundenes Schicksal? Treibt uns der Wettbewerb damit praktisch in den Untergang, in der wichtige Ressourcen eines Tages fehlen werden? Dass ein Mehr an Konsum mit einem Mehr an Ressourcenverbrauch verbunden ist, kann ja wohl kaum bestritten werden.

Auch wenn die Probleme auf den ersten Blick unterschiedlich erscheinen – einmal geht es um den Zufluss von Rohstoffen in den Produktionsprozess, einmal um die Abgabe von unerwünschten Abfallstoffen – sind sie sich doch sehr ähnlich. Es geht in allen Fällen darum, ob natürliche Grenzen überschritten werden und ob die Einhaltung dieser Grenzen in einer wettbewerblichen Welt möglich sind. Die Grenzen liegen zum einen in der Fähigkeit der Natur, Schadstoffe aufzunehmen, ohne bleibende und schwerwiegende Schäden zu erleiden. Im Fall des Klimaschutzes liegt die Grenze in der Aufnahmefähigkeit der von Treibhausgasen durch die Atmosphäre, bevor bestimmte Niveaus einer globalen Erwärmung überschritten werden. Wie hoch der akzeptierte Wert ist, ist dabei letztlich eine globale gesellschaftliche Entscheidung, die durch die Abwägung von Folgen des Klimawandels und Aufwand des Klimaschutzes unterstützt werden. Die Grenzen der natürlichen Ressourcen erscheinen auf den ersten Blick eindeutig definiert, schließlich sind nur bestimmte Mengen in der Erdkruste vorhanden. Aber auch diese vermeintlich absolute Grenze ist nicht unverrückbar. Zwar kann nicht mehr Kupfer oder Eisenerz in die Erde verbracht werden – aber es steht auch noch nicht alles für die Nutzung zur Verfügung. Technologische Grenzen und hohe Kosten limitieren die förderbaren Mengen. Diese können sich verschieben. Technischer Fortschritt macht zusätzliche Vorkommen erreichbar, mit höheren Rohstoffpreisen werden auch komplexe Bergbauprojekte rentabel.

Es bleibt die Frage: Kann eine wettbewerbliche Marktwirtschaft diese Grenzen respektieren, oder führt nicht das wirtschaftliche Wachstum und der immer größere Konsum einer wachsenden Weltbevölkerung nicht automatisch dazu, dass all diese Grenzen überschritten werden? Sind Markt-wirtschaft und Wettbewerb also das eigentliche Problem, oder sind sie ein wichtiger Teil der Lösung?

Etwas anders ausgedrückt bedeutet die These der Un-möglichkeit eines klimaschützenden Kapitalismus nichts anderes, als dass der Wettbewerb untauglich sei, um knappe Ressourcen zu bewirtschaften. Das ist – gelinde gesagt – überraschend. Schließlich ist der möglichst effiziente Um-gang mit Knappheiten so etwas wie der Markenkern einer dezentral planenden Wirtschaft. Im Wettbewerb sollen die-jenigen auf die knappen Ressourcen zugreifen können, die daraus den größten Nutzen schaffen. Das kann in Form von besseren Produkten oder geringerem Verbrauch der notwendigen Zutaten geschehen. Wenn dasselbe Produkt mit weniger Materialaufwand hergestellt werden und damit günstiger angeboten werden kann, warum sollte der Kunde sich dann nicht dafür entscheiden?

Effizienter Umgang mit knappen Gütern

Der Wettbewerb zwingt zur Effizienz. Wenn ein anderer Anbieter mit den Ressourcen sparsamer umgeht, kann er, wenn nötig, günstigere Preise anbieten und sich länger im Markt halten. Der teuerste und verschwenderischste An-bieter ist der erste, der ausscheiden muss. Der effizienteste bleibt am längsten erfolgreich. Wer bei seinem Konkurren-ten einen Vorteil sieht, wird versuchen, diesen so schnell wie möglich zu verkleinern und mit der eigenen Pro-duktionseffizienz aufzuholen. Warum? Weil das effizientere Unternehmen geringere Kosten und damit höhere Gewinne hat. Es ist aber nicht das Gewinnstreben allein, was Unter-nehmen effizient macht – es ist der Wettbewerb. Nur so entsteht immer neuer Druck durch die Konkurrenz, nur so setzt sich der sparsame Umgang mit Ressourcen möglichst schnell auch in niedrigeren Preisen um. So profitieren vom ressourcensparenden Wettbewerb alle.

Der Begriff der Ressourcen ist dabei weit zu fassen, deutlich weiter als nur auf Bergbauprodukte oder Energierohstoffe. Die klassischen Produktionsfaktoren einer Volkswirtschaft sind Boden, Arbeit und Kapital. Auch Wissen kann und muss dazugezählt werden – die einzige Ressource, die immer weiter vergrößert werden kann. Für industriebasierte Volkswirtschaften hat Boden als Ressource an Bedeutung verloren. Natürliche Ressourcen sind am Anfang jeder Wertschöpfungskette und damit für jede nachgelagerte Produktion bedeutsam. Auch weiterverarbeitete Produkte auf den verschiedenen Stufen sind für Unternehmen wichtige Ressourcen. Nicht jeder beginnt nah am Bergbau und hat die ursprünglichen Quellen der Materialien im Blick. Arbeitskräfte und Qualifikationen sind Ressourcen, die früher oft primär als Kostenfaktor betrachtet wurden, heute stärker als knapper Faktor angesehen wird. Auch Kapital steht nicht unbegrenzt zur Verfügung und sollte dort eingesetzt werden, wo es die beste Verzinsung findet. Und auch die natürliche Umwelt kann als eine Art der Ressource betrachtet werden. Wenn nur ein bestimmtes Budget an Treibhausgasemissionen zur Verfügung steht, dass ohne unkontrollierbare Konsequenzen in die Atmosphäre eingebracht werden kann, ist auch hier eine möglichst effiziente Nutzung notwendig. Wer mit den Emissionen einen möglichst großen Nutzen stiftet, sollte das Recht zur Emission haben. Wer verschwenderisch damit umgeht, sollte besser leer ausgehen. Nichts anderes ist die ökonomische Zuordnung von knappen Ressourcen auf die unterschiedlichen Verwendungsmöglichkeiten.

Was mit welcher Anstrengung eingespart wird, hängt von den Kosten und den Verbräuchen ab. Energieintensive

Unternehmen, für die die Energierechnung 40 Prozent und mehr aller Kosten ausmacht, haben natürlich ein riesiges Interesse daran, diese Rechnung durch Einsparungen kleiner zu kriegen. Wer hingegen wenig Energie verbraucht, ist auch nicht so auf Effizienzfortschritte an dieser Stelle gezwungen. Gleiches gilt für menschliche Arbeit: Wer arbeitsintensiv produziert, ist bei hohen Löhnen stärker motiviert, Prozesse zu verschlanken oder zu automatisieren, als diejenigen, bei denen kaum noch Menschen in den Fabriken präsent sind. Wenn Arbeitskosten keine Rolle spielen, verschwindet auch der Anreiz zur arbeitssparenden Rationalisierung.

Die Einsparung von Arbeitskraft war traditionell die wichtigste Ressourceneinsparung. Unangenehme oder gefährliche Arbeiten konnten von Maschinen übernommen werden. Technologie hat körperliche und wiederholende Tätigkeiten übernommen. Mit einer unvergleichlich höheren Geschwindigkeit konnte in Dimensionen mehr und zugleich mit einer einheitlichen Qualität produziert werden, was in Handarbeit nicht möglich war. Je schneller die Arbeitskosten gestiegen sind und je stärker dies nicht mehr durch gleichzeitige Produktionssteigerungen gedeckt war, desto eher werden arbeitssparende Lösungen gesucht. Jeder Beschäftigte muss rechnerisch so viel Wert schaffen, dass zumindest die Entlohnung auf diese Weise finanziert werden kann. Gerade bei geringqualifizierten Tätigkeiten ist das oft ein Problem, sodass hier geringere Gehälter zu erzielen und eine höhere Arbeitslosigkeit zu befürchten ist. Über den normalen Effizienzfortschritt hinweg wurde mit der Digitalisierung teilweise ein erheblicher Abbau von Arbeitsplätzen befürchtet, eingetreten ist dies bisher nicht. Im Gegenteil ist ein hoher Einsatz von Robotern oft mit hoher Produktivität und Wettbewerbsfähigkeit, starker Beschäftigung und hohen Löhnen verbunden.

Ist arbeitssparender Fortschritt, der durch Wettbewerb erzwungen wird, aber nicht ein Problem? Immerhin droht Arbeitslosigkeit, staatliche Unterstützungsleistungen werden notwendig. Und Arbeitslosigkeit ist ja nun gerade nicht das Versprechen der Sozialen Marktwirtschaft, das mit „Wohlstand für Alle" überschrieben ist. Und tatsächlich sind viele Länder von einer hohen Unterbeschäftigung geprägt. In einem dynamischen Umfeld mit hohen Beschäftigungsquoten ist aber zu beobachten, dass die Chance auf eine neue Stelle gut ist, wenn die nötigen Qualifikationen und eine ausreichende Veränderungsbereitschaft vorhanden sind. Wenn dann ein Unternehmen Mitarbeiter entlässt – oder auch ausscheidende nicht ersetzt –, und damit effizienter und die gleiche Produktion mit weniger Aufwand herstellen kann, können die bisherigen Mitarbeiter an anderer Stelle eingesetzt werden. Wenn ein Unternehmen neue Kollegen sucht, rechnet es damit, dass diese auch wertstiftend tätig werden können. Idealtypisch werden damit Arbeitnehmer da eingesetzt, wo die höchste Produktivität zu erwarten ist. Sie sollen dort arbeiten, wo sie den größten Nutzen schaffen können. Unnütze Arbeit, Verschwendung von Zeit und Talenten soll damit so weit wie möglich vermieden werden. Das ist der bestmögliche Einsatz dieser wertvolleren und knapper werdenden Ressource.

Aber selbst, wenn man die Mechanismen am Arbeitsmarkt kritischer sieht, zeigen sie doch eins: Effizienter Ressourceneinsatz gehört zur Marktwirtschaft und wird vom Wettbewerb vorangetrieben. Eine Wettbewerbsordnung legt offen, wo Ressourcen produktiv eingesetzt werden können und neigt nicht zur Verschwendung. Während in Planwirtschaften offene Arbeitslosigkeit ausgeschlossen wurde und die Staatsunternehmen Mitarbeiter halten mussten, auch wenn es eigentlich keine Verwendung für sie gab, zwingt der Wettbewerb zur Anpassung und zur Veränderung. Gleiches gilt auch für den Einsatz von Rohstoffen oder anderen Materialien. Jedes Stück, jede Tonne muss eingekauft, angeliefert und gelagert werden. Und all das kostet Geld. Wenn weniger beschafft werden muss, spart man Material- und Logistikkosten. Der Anreiz, überflüssige Verbräuche und Verschwendung abzustellen, ist also da. Das gilt zumindest, wenn die Preise hoch und die Mengen groß genug sind. Wenn es nur um geringe Kosten geht, dann ist auch die Motivation nicht groß, Aufwand für mehr Sparsamkeit und Effizienz zu betreiben.

Kann eine Marktwirtschaft, die vom Wettbewerb dominiert ist, die wirtschaftliche Dynamik so weit zügeln, dass auch endliche Ressourcen geschont werden? Auch hier greifen die Mechanismen von Preis und Wettbewerb. Und auch hier kann in einer dynamischen Marktwirtschaft mehr geschaffen werden als bei einer Zuteilung einer fix definierten Menge. Gehen wir einmal von der These aus, dass der Kapitalismus verschwenderisch mit natürlichen Ressourcen umgeht und durch seine Wachstumsdynamik immer größere Verbräuche erfordert. In einer, auch gerne weniger dramatischen, Verknappungssituation, die durch Angebotsengpässe oder Nachfragesprünge ausgelöst werden kann, wird zunächst einmal folgendes passieren: Der Preis steigt. Daraus ergibt sich ein doppelter Anreiz: Nachfrager können sich im Wettbewerb besserstellen, wenn sie Material einsparen. Bessere Lagerhaltung, weniger Verschnitt, besseres Produktdesign oder ausgebautes Recycling können wichtige Innovationen sein, die für einen effizienteren Umgang mit knappen Ressourcen sorgen und die Nachfrage dämpfen. Natürlich kann es auch Produktionsstilllegungen geben, wenn die höheren Preise durch die damit geschaffenen Werte und erwirtschafteten Erlöse nicht mehr gerechtfertigt werden können. Der andere Anreiz entsteht auf der Angebotsseite: Bergbauunternehmen investieren in Exploration, Ausbau und Entwicklung von Bergwerken, wenn das Preisniveau attraktiv genug ist. Das Angebot steigt – obwohl die Vorräte prinzipiell endlich sind. Das ist keine wundersame Vermehrung der Rohstoffbasis, sondern eine schrittweise Verbesserung der Möglichkeiten, diese Bodenschätze auch zu nutzen. Mit der Zeit wird jeder Schritt schwieriger, kleiner und teurer – aber ein nächster Schritt bleibt doch immer möglich. Und wenn das Angebot gesteigert werden kann oder die Nachfrage zurückgeht, dann können die bisherigen Knappheiten aufgelöst werden und die Preise auf ein moderateres Niveau zurückgehen. All das geht nicht schnell und nicht ohne Einschränkungen, aber das Problem der Knappheit wird durch Wettbewerb auf Märkten so gut es geht verkleinert.

Klimaschutz durch Wettbewerb

Wettbewerbsprozesse wirken auf Rohstoffmärkten und können genauso gut im Klimaschutz eingesetzt werden. Ohne besondere Vorgaben sind Emissionen kostenlos – die Schäden entstehen an anderer Stelle und müssen vom Verursacher nicht ausgeglichen werden. Eine Wettbewerbsordnung ohne Regeln berücksichtigt solche Emissionen nicht. Aber wenn die aus Klimaschutzgründen als notwendig erachteten Emissionsbudgets festgelegt werden, kann der Wettbewerb dafür sorgen, dass diese dort die Emissionen reduziert werden, wo die Kosten dafür am niedrigsten sind und sie da weiter möglich sind, wo Klimaschutz mit besonders großen Einschränkungen verbunden ist. Der Wettbewerb um die besten Lösungen sorgt dafür, dass Klimaschutz mit möglichst geringen Kosten stattfindet. Aber die Wirkung geht noch weit über die kurzfristig optimale Zuordnung der Rechte zur Emission hinaus. Die explizit gemachte Knappheit und die Preissignale, die im Wettbewerb entstehen, führen dazu, dass auch neue Lösungen gefunden werden. Wenn bekannt ist, dass die zulässigen Budgets kleiner werden und die Preise für Emissionen steigen, dann lohnt es sich mehr als zuvor, an langfristig klimafreundliche Lösungen zu denken, neue Geschäftsmodelle zu entwickeln und anspruchsvollen Klimaschutz zu implementieren. Wettbewerb geht nicht nur um Mengen und Preise, sondern vor allem um gute und neue Lösungen für bisher ungelöste Probleme. Der Klimaschutz ist ein Problem, für dessen Lösung auf den Wettbewerb keinesfalls verzichtet werden darf.

Auch ohne spezielle Regeln führt Wettbewerb dazu, dass die Wünsche der Konsumenten ernstgenommen werden. Schließlich gilt es, diese von den eigenen Angeboten zu überzeugen. Eine Veränderung der gesellschaftlichen Werteordnung macht sich auch hier bemerkbar. Wenn die Kunden mehr Wert auf umweltfreundliche oder umweltfreundlich hergestellte Produkte legen, werden die Unternehmen versuchen, dem nahezukommen. Wenn der Konkurrent das besser kann, verliert man Geschäft, also muss man vorne mit dabei sein. Natürlich gibt es Versuche, mit kommunikativen Maßnahmen mehr Schein als Sein zu erzeugen. Früher oder später fällt das aber auf. Und wenn der Wettbewerb intensiv genug ist, wird Pseudo-Handeln schneller entlarvt. Voraussetzung ist aber, dass es mehrere konkurrierende Anbieter gibt. Nur wenn Kunden wählen können, können sie sich für bestimmte Produkte entscheiden, die nach Preis, Qualität und Umweltkriterien ihren Vorstellungen entsprechen. Wenn in einer Marktwirtschaft Wettbewerb herrscht und daher die Kundenwünsche zählen, dann gilt das auch bei umweltbezogenen Eigenschaften – egal ob Unternehmenslenkern das gefällt oder nicht.

Nach vielen konzeptionellen Überlegungen soll noch der Blick auf ein konkretes historisches Beispiel gerichtet werden, das zeigt, dass wettbewerblich aufgestellte Marktwirtschaften trotz – oder gerade wegen – der Wachstumsdynamik besser mit den natürlichen Ressourcen umgehen und die Umwelt weniger beanspruchen als planwirtschaftliche Alternativen. Besonders prägnant ist der Vergleich von DDR und Bundesrepublik, aber auch zwischen anderen mittel- und osteuropäischen Planwirtschaften mit westeuropäischen Ländern. Die DDR-Wirtschaft war 1990 nicht nur ökonomisch am Ende, auch die Umweltstandards waren deutlich schlechter. Industriekombinate hinterließen verseuchte Böden, die Luftverschmutzung war legendär. Was fehlte, war nicht unbedingt der Wille. Auch die Technologien waren international vorhanden. Mit der Diskussion um das Waldsterben war in der Bundesrepublik Gesetzgebung in Gang gekommen, die die Emissionen von Schwefeldioxid massiv einschränkte. Die dafür notwendigen Filtereinlagen wurden eingebaut, weil es entsprechende Vorgaben gab. Die entsprechenden Lösungen waren im Wettbewerb entwickelt worden und prägten seitdem die Gipsproduktion, die die Hinterlassenschaften als Rohstoff verwendet. In den Kommandowirtschaften fehlte es an Innovationen. Die Technologien mussten zwar nicht mehr erfunden werden, die Produktion hätte aber entsprechend angepasst werden müssen. Der andauernde Veränderungsdruck einer wettbewerblichen Wirtschaft stärkt die Fähigkeit zum Wandel macht es auch einfacher, sich an neue Anforderungen einzustellen. Die Planwirtschaft hat so etwas nicht. Vor allem fehlten ihr aber auch die Mittel zur Modernisierung. Es fehlte schlicht am Geld, um in moderne und effiziente Anlagen zu investieren. Die wirtschaftliche Schwäche der Planwirtschaft hat damit umweltfreundliches Wirtschaften verhindert. Umgekehrt: Die

Marktwirtschaften und die Konkurrenz der Unternehmen schaffen den Wohlstand, der notwendig ist, um laufend in modernste Anlagen zu investieren und damit Fortschritte beim Umweltschutz möglichst schnell realisieren zu können. Wettbewerb bedeutet nicht Verschwendung, sondern befördert den Schutz und die beste Verwendung von Ressourcen.

9

Wettbewerb bringt Neues

Radikale Innovationen

2240. Diese Zahl steht prototypisch für Leistungen und Innovationen, die durch Wettbewerb möglich gemacht werden. Gleichzeitig steht sie für besonders vorteilhafte Bedingungen, unter denen der Wettbewerb stattfinden kann. Vor allem ist 2240 aber die Zahl von Dick Fosbury. Gehen wir zurück ins Jahr 1968 und ins südliche Nordamerika. In Mexiko City fanden damals die Olympischen Spiele statt. Die Besonderheit dieser Spiele war, dass sie in großer Höhe stattfanden. 2240 Meter über dem Meeresspiegel kämpften die Sportler aus aller Welt um Medaillen. Dass die Wettkämpfe in der Höhe und damit unter den Bedingungen einer schlechteren Sauerstoffversorgung stattfinden sollten, war im Vorfeld nicht unumstritten. Von zusammenbrechenden Athleten war die Rede, Sportler wurden in Todesgefahr gesehen. Heute ist Höhentraining im Gegensatz dazu ein etabliertes Trainingsverfahren für Spitzensportler.

© Der/die Autor(en), exklusiv lizenziert an Springer Fachmedien
Wiesbaden GmbH, ein Teil von Springer Nature 2023
H. Bardt, *Wettbewerb!*, https://doi.org/10.1007/978-3-658-39731-9_9

Aber der Ort der Olympischen Spiele ist nicht der Kern des Innovationsbeispiels. Die Zahl 2240 steht vielmehr auch für einen besonders innovativen Sprung, der binnen kürzester Zeit eine ganze Sportart verändert. Dick Fosbury, überquerte am 20. Oktober 1968 die Höhe von 2,24 Metern (also 2240 Millimetern) und gewann die olympische Goldmedaille. Dabei war Fosbury gar kein überragender Hochspringer. Um im Wettbewerb eine Chance zu haben, hatte er zwei Möglichkeiten: Er konnte versuchen, mit bewährter Technik immer besser zu werden, oder er konnte einen innovativen Weg gehen. Fosbury entschied sich für den zweiten Weg. Statt wie bisher vorwärts über die Latte zu springen, setzte er seinen Sprung nach dem Anlauf rückwärts an. Damit sprang er höher, als es ihm in der traditionellen Technik möglich gewesen wäre. Bei diesen Spielen reichte es sogar zum Sieg. Seine Technik, der sogenannte Fosbury-Flop, wurde zwar Anfangs kritisch gesehen, setzte sich aber schnell durch und entwickelte sich zum neuen Standard. Damit war der Innovationsvorsprung wieder dahin. Fosbury beendete seine Karriere bereits ein Jahr nach seinem Triumph und überließ anderen das Feld. Was blieb war eine Goldmedaille und eine Revolution seines Sports, die ihm jahrzehntelange Berühmtheit sicherte. Ohne den Druck und den Anreiz des Wettbewerbs hätte es diese Innovation und ihre schnelle Verbreitung nicht gegeben. Hätte Fosbury diese Technik nur auf einem Sportplatz seiner Geburtsstadt Portland zum Besten gegeben, hätte vermutlich niemand davon gehört. Als reine Freizeitbeschäftigung hätte er vermutlich die Entwicklung einer völlig neuen Sprungtechnik nicht mit der nötigen Vehemenz verfolgt, um sie auch gegen Widerspruch durchsetzen zu können. Leistungssportler wollen Wettbewerbe gewinnen und dafür immer besser werden. Fosbury gelang dies durch Innovation.

Ein zweites Beispiel für fundamentale Innovationen im Sport kommt aus dem Skispringen. Jahrzehntelang gehörte es zu einem perfekten Sprung, den Ski im Flug parallel zu halten und dann mit einer eleganten Beuge eines Knies zu landen. Die Sprungrichter belohnten dieses Bild mit hohen Punktwerten. Zur Revolution kam es 1988. Der Schwede Jan Boklöv stellte eher zufällig fest, dass er weitere Sprünge schaffte, wenn die Ski mit größerem Abstand in Form eines vorne offenen V gehalten werden. Trotz hoher Punktabzüge der Punktrichter für den als wenig elegant geltenden Stil gelang es ihm, im Winter 1988/1989 den Gesamtweltcup zu gewinnen. Auch hier war die Innovation eine Antwort auf den Wettbewerb, auch hier musste sich der neue Stil durchsetzen, auch hier übernahmen andere nach kurzer Zeit die neue Technik. Auch die Kampfrichter stellten sich auf den neuen Stil ein und bestraften die Skistellung nicht mehr. Als die Konkurrenz ebenfalls auf den V-Stil umgestellt hatten, war der Wettbewerbsvorteil dahin. Boklövs Karriere endete Anfang der neunziger Jahre.

Aber genug vom Sport und zurück in die Welt der Wirtschaft. Wie sehr der Wettbewerb in der Lage ist, grundlegende Innovationen hervorzurufen, zeigt die Autoindustrie. Dabei geht es nicht nur um die reine Erfindung, sondern vor allem auch darum, dass neue Produkte, Technologien, Dienstleistungen, Prozesse und Geschäftsmodelle auch tatsächlich Realität werden. Eine Erfindung, die den Markttest nicht besteht und in den Archiven der Patentämter verschwindet, ist auch keine Innovation. Die Automobilindustrie ist eine technologiegetriebene, forschungsstarke und besonders innovative Branche. Die Anbieter liefern sich einen intensiven Wettbewerb um die Kunden. Ansprechendes Design, besondere Ausstattungsmerkmale und technologische Neuerungen waren lange Zeit wesentliche Unterscheidungsmerkmale. Insbesondere hochpreisige Fahrzeuge mussten sich ausreichend deutlich von den Fahrzeugen der Konkurrenten unterscheiden. Die Beispiele dafür sind vielfältig – und nicht immer erfolgreich. Der Ro 80 des Autobauers NSU hat in den späten sechziger und den siebziger Jahren als besonderes Merkmal einen Wankelmotor, der aber aufgrund des hohen Verbrauchs spätestens mit der Ölkrise unwirtschaftlich geworden war. Der Allradantrieb in normalen Standardfahrzeugen, den Audi mit dem Quattro entwickelte, war eine erfolgreiche Innovation, die Audi über Jahre hinweg ein positives, sportliches und innovatives Image brachte und damit die Wettbewerbsposition verbesserte. Der Volkswagenkonzern hat mit dem Bugatti Veyron den schnellsten Seriensportwagen der Welt mit 1200 PS auf den Markt gebracht. Das Image als innovativer Autobauer war hier sicherlich wichtiger als der praktische Nutzen. Ähnliches gilt auch für die Formel 1. Selbst wenn es gelegentlich Technologieentwicklungen gibt, die in die Serienfertigung übergehen, ist die höchste Rennserie primär ein Imageträger. Innovation und Erfolg im Wettbewerb soll Kunden begeistern.

Eine besondere Wettbewerbssituation nahm ihren Anfang 1997 in Schweden. Mercedes-Benz wollte mit der neu eingeführten A-Klasse die Produktpalette erweitern und die das eigene Qualitätsversprechen auch in Kompaktwagen an den Kunden bringen. Hier wurde eine Chance gesehen, im harten Wettbewerb zwischen Anbietern von kleineren Fahrzeugen mit einem Premiumprodukt zu bestehen. Richtig in Fahrt kam der Innovationsprozess aber erst durch einen Unfall. Das neue Auto in dem für Mercedes neuen Segment – ein hohes Risiko für den Konzern – fiel bei einem Test einer schwedischen Zeitschrift um. Beim schnellen Ausweichen wanderte der Schwerpunkt des hoch gebauten Fahrzeugs so weit nach außen, dass es erst auf zwei Rädern fuhr und dann auf die Seite kippte. Der Elchtest – das simulierte Ausweichen vor einem plötzlich auftauchenden

Hindernis auf der Straße – wurde zum Fiasko für das Unternehmen. Gerade der Qualitäts- und Sicherheitsanspruch war ein wesentliches Kaufargument im Wettbewerb, und genau der war angegriffen. Der Schaden war nicht auf die A-Klasse beschränkt, sondern drohte sich auf die ganze Marke auszustrahlen. Im Druck des Wettbewerbs war Nichtstun keine Option. Mercedes trat die Flucht nach vorne an und setzte auf Innovation.

Typischerweise geht der Innovationsprozess in der Automobilindustrie von oben nach unten. Neue Technologien werden erst in die Oberklasse integriert und als Zusatzausstattung angeboten. Hier sind die höchsten Einnahmen zu erzielen. Erst nach und nach wandert die Neuerung in die günstigeren Fahrzeugklassen und damit in den Massenmarkt. Nach dem Fiasko des Elchtests drehte Mercedes diesen Prozess um und konnte sich damit im Wettbewerb neu positionieren. So wurde entschieden, dass erst zwei Jahre vorher für erste Modelle der S-Klasse eingeführte Elektronische Stabilitätsprogramm (ESP) sofort in der A-Klasse einzubauen. Damit wurde zum einen das konkrete Stabilitätsproblem des Autos adressiert, gleichzeitig wurde aber auch ein Signal gegeben. Sicherheit wurde an erste Stelle gestellt, Mercedes positionierte sich als Innovationstreiber. Nach dem Unfall konnte das Bild eines Anbieters von sicherheits- und qualitätsorientierten Fahrzeugen sogar gestärkt werden. Gleichzeitig wurden auch die anderen Wettbewerber unter Druck gesetzt, entsprechende Systeme schnell in allen Fahrzeugklassen einzubauen. Nach dem Unfall war unter dem Druck des Wettbewerbs ein neuer Standard geschaffen.

Welche ungeheure Innovationsdynamik Wettbewerb auslösen kann, zeigt aktuell wieder die Autoindustrie. Ohnehin ist die Branche ein bedeutender Innovationstreiber. Wenn man eine Deutschlandkarte mit der Anzahl von Patenten zeichnet, bildet man damit in weiten Teilen die Regionalstruktur der Autoindustrie ab. Ähnliches gilt für Investitionen, bei denen die Branche ebenfalls eine herausragende Rolle spielt, wodurch wiederum große Ausgaben für Innovationen möglich sind. Ein fundamentaler Innovationsschub ist mit dem Namen Tesla verbunden. Es war nicht der Wettbewerb zwischen etablierten Anbietern, sondern ein neuer Wettbewerber, der den Markt in Aufruhr versetzt und die Regeln neu geschrieben hat. Anfangs wurde die Neugründung eher belächelt. Das erste Fahrzeug wurde von Lotus produziert und arbeitete mit 6831 Laptop-Batterien. Damit war der Tesla Roadster das erste elektrische Serienfahrzeug auf Basis von Lithum-Ionen-Batterien. In fünf Jahren wurden nur rund 2500 Autos produziert. Auch wenn Tesla schon zu Beginn ein technologischer Vorreiter war, war die Firma noch zu klein, um wirklich ernstgenommen zu werden. Auch in den Folgejahren schaute manch etablierter Automanager mit Geringschätzung auf den Newcomer. Spaltmaße passten nicht, es kam zu Unfällen mit teilautonomen Systemen, die Produktion kam nicht voran – und vor allem verdiente die Firma lange Zeit kein Geld.

Neue Wettbewerber als Antreiber

Tesla schaffte vor allem eines: Der Angreifer zeigte, dass attraktive Elektroautos möglich sind. Damit traf man den Trend und ließ die etablierten Hersteller alt aussehen. Hochpreisige Elektroautos ließen sich verkaufen, und die deutsche Autoindustrie, Weltmarktführer im Premium-Segment, steckte im Sumpf des Diesel-Skandals fest. Plötzlich hatte ein neuer Wettbewerber mehrere Jahre Vorsprung in einer für die Zukunft der Autoindustrie entscheidenden Technologie. Und Tesla wurde vom Außenseiter zum Maßstab. Die großen Premium-Anbieter entwickelten Fahrzeuge, mit denen Tesla gejagt werden sollte. Neue Technologien werden entwickelt, Geschäftsmodelle fundamental verändert, neue Allianzen gebildet und völlig andere Wertschöpfungsstufen wie die Batterieproduktion aufgebaut. Der Wandel, der durch Tesla forciert und in der ganzen Industrie verbreitet wurde, kann kaum zu hoch eingeschätzt werden. Nur offene und wettbewerbliche Märkte können so eine Dynamik entwickeln. Die Innovation, die Tesla möglich gemacht hatte, verbreitete sich durch den Druck des Wettbewerbs schneller, die technologischen Aufholjagd wurde durch den Wettbewerb um die Kunden bestimmt. Ohne die Möglichkeit des Außenseiterwettbewerbs hätte ein Neuling wie Tesla sein Konzept nicht auf den Markt bringen können. Und ohne den intensiven Wettbewerb um die Autokunden hätte es noch deutlich länger gedauert, bis die technologische Innovation von allen anderen adaptiert worden wäre.

All diese Beispiele zeigen eine Reihe von Merkmalen für wettbewerbliche Innovationsprozesse auf. Zum einen ist Wettbewerb ein wichtiger Treiber sowohl für den Innovator als auch für nachahmende Wettbewerbsteilnehmer. Der Wunsch, sich gegen die Konkurrenz zu behaupten, Rückstände aufzuholen oder die bestehende gute Wettbewerbsposition zu halten, zwingt dazu, neues zu versuchen oder bereits erfolgreich getestete Neuerung einzusetzen. Oft kommen Innovationen von etablierten Unternehmen, die viel Aufwand betreiben, um neues zu entwickeln und Wettbewerbsvorteile für die Zukunft zu erarbeiten. Oft kommt die Innovation aber auch von Playern, die neu auf den Markt eintreten wollen oder bisher im Wettbewerb keine wirkliche Chance hatten. Wenn es nicht ausreicht, Bestehendes besser zu machen, muss neues gewagt werden. Das ist der Kern der Innovation. Die Neuerungen haben für die Innovatoren einen Sprung in der Wettbewerbsfähigkeit gebracht. Oft können Sie sogar klare Vorteile erreichen, die ihnen entsprechende Gewinne ermöglichen. Der – materielle oder ideelle – Innovationsgewinn ist der zentrale

Anreiz für den Innovator. Wenn eine Neuerung patentierbar ist, kann dieser Gewinn für einen begrenzten Zeitraum exklusiv beim innovativen Wettbewerber verbleiben. Ansonsten setzt der Nachahmungswettbewerb schneller ein. Die Sportler konnten weniger lang von ihren Neuerungen profitieren als dies beispielsweise Tesla möglich ist. Wenn andere die Innovation kopieren, schwinden die Vorteile für den Innovator – aber es entstehen neue Vorteile für den Kunden. Je schneller Innovationen sich ausbreiten, desto schneller können alle Verbraucher davon profitieren. Auch dies erfordert Wettbewerb um die Kunden. Wenn Nachahmung zu langsam vorankommt, geht das zulasten des Wohlstands der Verbraucher. Wenn es aber zu schnell geht, werden die Innovationsanreize zerstört und Innovationsprozesse kommen zum Stillstand. Die politisch gesetzten Rahmenbedingungen wie beispielsweise das Patentrecht müssen entsprechend kalibriert werden.

Innovationen kommen aber auch unter Wettbewerbsbedingungen nicht von allein, sondern sie brauchen jemanden, der das Wagnis eingeht. Und eine Innovation ist immer ein Wagnis. Sie ist auch mehr als eine einfache (oder komplexe) technische Neuerung. Eine Erfindung allein reicht noch nicht, um eine wirkliche Innovation darzustellen. Natürlich ist die Erfindung wichtig und oftmals Voraussetzung für ein neues Produkt oder eine neue Technologie. Die Erfindung kann im stillen Kämmerlein stattfinden, auch wenn der einzelne Erfinder inzwischen selten geworden ist und die meisten Erfindungen aus der der professionellen Forschung- und Entwicklung von Unternehmen stammen. Die eigentliche Leistung der Innovation ist aber nicht die Erfindung, sondern die Realisierung der neuen Idee. Ein neues Produkt, was nie auf dem Markt angeboten wird, verändert nichts und ist damit auch keine Innovation. Ein innovatives Verfahren, das zwar aufgeschrieben aber nie angewendet wird, nützt niemandem. Entscheidend ist nicht allein die gute Idee, sondern die Kraft, diese auch Wirklichkeit werden zu lassen. Und hierin liegt der vielleicht schwierigere Teil der Aufgabe. Für eine Innovation müssen Ressourcen mobilisiert, bestehende Strukturen infrage gestellt und Menschen überzeugt werden. Unternehmen, die etwas neues wagen, stellen damit auch ihr bestehendes Angebot infrage. Wenn Autohersteller auf Elektromobilität setzen, entwerten sie ihre Wettbewerbsvorteile im klassischen Motorenbau. Gleichzeitig müssen Milliarden investiert werden, um aus der Idee Realität werden zu lassen. Und ob die Innovation funktioniert, ist immer unsicher. In der Pharmaindustrie kostet die Entwicklung eines neuen Medikaments Milliarden – und kann noch kurz vor der Markteinführung scheitern, weil Nebenwirkungen auftreten. Noch schlimmer – sowohl für die betroffenen Patienten als auch für das Unternehmen wäre es natürlich, wenn diese erst nach der Markteinführung entdeckt werden. Grundsätzlich sind neue Unternehmen nichts anderes als umgesetzte Innovationsversuche. Immer wird eine neue Marktlücke gesucht, also etwas Neues umgesetzt. Das kann ein neues Restaurant sein, dass sich durch Qualität, Ambiente oder Preis von den bisherigen Angeboten absetzt. Auch ein Geschäft, dass es zwar schon vielfach gibt, aber noch nicht in dem Ort, ist – zumindest regional – eine Innovation. Herausragend sind technologische Innovatoren, beispielsweise Start-ups, die mit neuen Technologien nationale oder gar internationale Märkte bedienen wollen. Zahlreiche Neugründungen von Autoherstellern sind Beispiele dafür, die mit der Entwicklung von Elektroautos eine neue Basistechnologie voranbringen und am Markt zum Erfolg führen wollen. Zahlreiche solcher Firmen wurden an der New Yorker Börse gehandelt, bevor auch nur ein einziger Dollar Gewinn gemacht werden konnte. Tesla ist das glänzende Beispiel für den Erfolg eines technologischen Innovations-Start-ups. Bei vielen anderen ist der Erfolg unsicher und der Total-verlust des eingesetzten Kapitals nicht unwahrscheinlich.

Innovationen müssen scheitern können

Die Phase der New Economy Ende der neunziger Jahre hat deutlich gezeigt, wie riskant Innovationen sind. Die dama-ligen Innovationen in Internet-basierten Geschäftsmodellen erforderte hohe Investitionsvolumen, da über eine inter-nationale Skalierbarkeit schnell Marktanteile erobert wer-den sollten. Geld möglichst schnell zu verbrennen, wurde fast schon zum Qualitätsmerkmal. Zahlreiche Unter-nehmen hatten anfangs Erfolg – um dann grandios zu scheitern. Wenige wie zum Beispiel Amazon konnten sich durchsetzen und wurden zu Weltkonzernen, die aufgrund ihrer Marktanteile selbst eine Bedrohung für den Wett-bewerb darstellen können. Deutsche Autobauer setzten mit ihren Innovationen lange auf die Diesel-Technologie und damit auf das falsche Pferd. Nicht jede technologische In-novation führt zum Erfolg, Investitionen in die Ent-wicklung falscher Technologien kann im Gegenteil Kapital und Entwicklungskapazität binden und damit im Wett-bewerb ein Hindernis sein.

Ein anderes Beispiel für Innovationsprozesse konnte bei der Entwicklung der Fernbusangebote in Deutschland ge-sehen werden. Erst 2013 wurde dieser Markt liberalisiert, Wettbewerb in Konkurrenz zu Angeboten der Bahn gab es bis dahin nicht. Nur internationale Ziele konnten an-gefahren werden, der Personentransport zwischen zwei innerdeutschen war gesetzlich untersagt. Mit der Markt-öffnung sahen zahlreiche Unternehmen ihre Chance, inno-vative Angebote an den Markt zu bringen. Da es in anderen

Ländern schon Fernbusverkehr gab, waren dies zwar nur in Bezug auf Deutschland Innovationen, aber das mindert die Bedeutung nicht. Viele Unternehmen wetteiferten um Kunden mit unterschiedlichen Strecken und Preisen. Die meisten davon sind gescheitert, aber ein Anbieter ist übriggeblieben. Wettbewerb unter Fernbuslinien gibt es damit derzeit nicht, aber einen Wettbewerb um den Transport von Passagieren: Fernbusse stehen in Konkurrenz zur Bahn, dem Flugzeug und dem Auto. Ohne die Öffnung des Fernbusmarkts für den Wettbewerb hätte es diese zusätzlichen Angebote nie gegeben

Mit innovativen Ideen den Wettbewerb anzunehmen, birgt also erhebliche Risiken. Dies nicht zu tun, ist aber mindestens genauso riskant. Beispiele dafür gibt es genug. Nokia war der Meinung, ein Telefon ohne Tasten würde sich nicht dursetzen und hatte keine Chance gegen die Smartphones von Apple und Samsung. Als klar wurde, wohin die Reise geht, war es zu spät, um noch kraftvoll reagieren zu können. Hersteller von Foto-Filmen verschliefen den Trend zu digitalen Kameras. Blackberry schaffte es nicht, ein eigenes System von Apps aufzubauen und damit Geschäftskunden weiterhin zu halten. Haben Autohersteller zu lange am Verbrenner-Motor festgehalten und damit viel Geld verloren, dass sie nun dringend bräuchten? Oder können sie noch rechtzeitig umsteuern? Ist der batterieelektrische Antrieb die langfristig überlegene Technologie? Im Moment sieht es so aus, darum setzen praktisch alle Hersteller auf diesen erfolgversprechenden Ansatz. Der Erfolg der Vergangenheit, der Erfolg der bestehenden Technik ist ein zentrales Hindernis, weil er Innovationen erschwert, die die Grundlage eben dieses Erfolgs infrage stellen. Es ist unglaublich schwer, sich von einem erfolgreichen Produkt und einem erfolgreichen Geschäftsmodell zu trennen, um mit Macht auf eine unsichere innovative Entwicklung zu setzen.

Innovationen sind also risikoreich und aufwändig. Das gilt für Unternehmen und einzelne Entscheidungsträger. Innovatoren innerhalb bestehender Firmen können ihre Karriere riskieren, wenn sie ein Veränderungsprojekt vorantreiben, dass am Ende erfolglos war. Aber sie können auch als erfolgreicher Visionär durchstarten. Viele Start-ups scheitern und verbrennen riesige Kapitalsummen, einige schaffen es aber auch zu Milliardenwerten und machen ihre Gründer und Investoren reich. Innovation ist nicht der leichte Weg. Einfacher und bequemer ist es, mit dem bisherigen Status quo zu leben und diesen schrittweise zu verbessen. Eine Zeitlang kann das funktionieren – vielleicht sogar so lange, wie der entsprechende Manager in Verantwortung ist. Aber auf längere Frist sind nur die Unternehmen erfolgreich, die sich immer wieder neu erfinden und an veränderte Wettbewerbsbedingungen anpassen können.

Aber im Wettbewerb der Innovationen gibt es auch Verlierer. Nicht jede Neuerung gelingt, nicht jede Innovation verdient Geld. Manche Innovation ist vielleicht besser als andere, hat aber dennoch im Wettbewerb keine Chance, weil andere es schneller schaffen, Standards zu setzen. Manche Erfindung kann sich nicht gegen bestehende Standards durchsetzen – wie beispielsweise moderne Anordnungen von Buchstaben auf Tastaturen, die sich gegen die etablierte QWERTZ-Tastatur bisher keine Chance haben. Letzte hatte seine Rechtfertigung zwar aus der Zeit der Schreibmaschinen, als verhindert werden sollte, dass sich die Hebel von oft genutzten Buchstaben verhaken. Da aber die meisten Menschen diese Tatstatur gewohnt sind, werden die meisten Computer mit QWERTZ-Tastatur ausgeliefert, weswegen die meisten Nutzer diese Tastatur lernen und so weiter. Der einmal eingeschlagene Pfad kann nur unter hohen Kosten verlassen werden, daher können auch Neuerungen, die eindeutig besser sind, sich manchmal nur schwer oder gar nicht gegen etablierte (wenn auch unterlegene) Standards durchsetzen.

Viele Innovationen sind aber auch einfach nicht gut genug, um im Vergleich mit anderen Ansätzen bestehen zu können. Das ist kein Versagen oder keine Verschwendung, sondern zentraler Bestandteil eines wettbewerblichen Suchprozesses um die immer bessere Lösung. Innovationswettbewerb bedeutet, dass immer neue Ideen und Konzepte ausprobiert und von den Kunden bewertet werden. Was gekauft wird, ist erfolgreich und wird imitiert. Was nicht gekauft wird, verdient kein Geld und verschwindet vom Markt. Dieser Innovations-Selektions-Prozess sorgt dafür, dass sich immer wieder neue, bessere Methoden, Technologien und Geschäftsmodelle durchsetzen. Je mehr Innovationen es gibt, desto größer ist die Auswahl. Damit steigt auch die Chance, bessere Lösungen für bestehende Probleme zu finden und sich schneller und besser an verändernde Umweltbedingungen, beispielsweise veränderte Präferenzen der Menschen, neue Regulierungen oder neue technologische Möglichkeiten anzupassen. Genauso wichtig wie die Vielzahl an Innovationen ist aber auch der Auswahlprozess. Der Markttest erlaubt es, die als gut erachteten Innovationen von denen zu unterscheiden, die die Nutzer oder Kunden nicht überzeugen. Wenn Innovationen Probleme beseitigen und bessere Lösungen voranbringen sollen, ist es nur konsequent, dass diejenigen über Erfolg und Misserfolg entscheiden, die für diese Lösungen zahlen sollen. Wenn ein innovatives Produkt seinen Preis wert ist, kann es sich im Wettbewerb durchsetzen. Wenn es mehr finanzielle Ressourcen einfordert als es Nutzen stiftet, wird es – zurecht – aus dem Wettbewerb ausscheiden. Die besseren Lösungen werden weiterverfolgt und geben anderen Unternehmen, Innovatoren und Nachahmern, eine Orientierung für ihre nächsten Schritte. Je intensiver der Wettbewerb ist, desto rigoroser ist der Auswahlprozess und desto stärker stehen Innovatoren unter Druck, etwas wirklich Neues, etwas wirklich Gutes abzuliefern. Scheitern ist für den einzelnen Innovator und seine Investoren schmerzlich und kann zum Untergang für das Unternehmen führen. Ohne Scheitern gibt es aber keinen Wettbewerb und keine Unterscheidung zwischen wertvollen und wertlosen Imitationen. Wenn es viele Innovationen gibt, gibt es bessere Problemlösungen und eine schnellere Anpassung an große und neue Herausforderungen. Umso wichtiger ist es, dass die Ansätze, die nicht weiterführen, schnell ausgesiebt werden und keine weiteren Ressourcen auf sie verwendet werden. Wenn es keine Option des Scheiterns gäbe, könnte auch keine Innovationen als erfolgreich herausgefiltert werden. Besser wären sie aber nicht, vielmehr käme es zu einer massiven Verschwendung von Ressourcen. Scheitern gehört zur Ideenfindung, und nur der Wettbewerb macht die Auswahl möglich.

Der dritte Schritt, der nach Innovation und Auswahl, ist die Imitation. Unternehmen erkennen den Erfolg einer Technologie und versuchen, diese ebenfalls zu übernehmen. Apple brachte das iPhone auf den Markt, aber nach einiger Zeit folgten zahlreiche andere Hardwarehersteller. Google konnte sogar dem App-Store mit einer eigenen App-Infrastruktur Konkurrenz machen und somit Android sein eigenes Betriebssystem etablieren. Die Imitation ist weniger risikoreich, aber auch weniger gewinnbringend als die vorherige Basisinnovation. Sie ist aber ebenfalls wichtig. Nur durch Innovation kann der Fortschritt der Innovation in die Breite getragen werden. Nur durch Imitation entsteht neuer Wettbewerb. Erfindungen können durch Patente geschützt sein. Damit erhöht sich der Anreiz zur Innovation, die Imitation wird für einen bestimmten Zeitraum aber erschwert. Einfaches Kopieren ist verboten. Aber es können Lizenzen gekauft oder ähnliche Innovationen entwickelt werden.

Im Wettbewerb ist die Fähigkeit zur Innovation der Schlüssel für den fortgesetzten Erfolg eines Unternehmens. Auch für den Marktführer, der keinen ernsthaften Wettbewerb wahrnimmt und bei dem das Geld aus der Steckdose zu kommen scheint, ist der Verzicht auf Innovation der beste Weg in den Untergang. Warum? Weil hinter jeder Ecke ein neuer Wettbewerber stecken kann, der mit seinen Innovationen angreift. Nur in geschützten Märkten ohne mögliche Konkurrenz gilt das nicht. Dort kann sich der Monopolist auf die faule Haut legen. Darum ist Wettbewerb so entscheidend für Innovationen.

10

Wettbewerb braucht Schutz

Die Selbstzerstörung des Wettbewerbs

Dass der Wettbewerb Gegner hat und politische Auseinandersetzungen darum stattfinden, wo dieses Koordinationsprinzip herrschen soll, bedeutet natürlich auch, dass der Wettbewerb durch Attacken von außen bedroht wird. Aber nicht nur hier braucht es Schutz des Wettbewerbs. Wichtiger ist zunächst einmal, dass der Wettbewerb gegen zerstörerische Kräfte von Innen geschützt wird. Auch wenn der Wettbewerb dynamisch ist, den Wohlstand mehrt, effizienzsteigernd wirkt und Innovationen ermöglicht, kommt all das nicht von allein. Man könnte denken, dass Wettbewerb immer wieder automatisch entsteht. So kam es in früheren Zeiten vielleicht zu Wettbewerb um die besten Fischgründe, das zu jagende Wild oder später zu Wettbewerb um Bodenschätze und Kolonien. Kinder wollen schneller oder besser sein als ihre Spielkameraden, Angestellte wollen nicht hinter ihren Kollegen zurückstehen. Und Unternehmen streben danach, besser und erfolgreicher

© Der/die Autor(en), exklusiv lizenziert an Springer Fachmedien Wiesbaden GmbH, ein Teil von Springer Nature 2023
H. Bardt, *Wettbewerb!*, https://doi.org/10.1007/978-3-658-39731-9_10

zu werden. Gründer suchen ganz bewusst den Wettbewerb, sonst wäre ein neues Unternehmen ja überflüssig. Steckt der Wettbewerbsgedanke so tief im Menschen drin, dass dieser etwas so Natürliches ist, dass sich eigentlich die ganze Diskussion um Vorteile und Erschwernisse des Wettbewerbs erübrigen? Können wir davon ausgehen, dass der Wettbewerb immer da sein wird und seine Wirkung entfalten kann?

Oder anders ausgedrückt: Kann sich der Wettbewerb selbst stabilisieren und schützen? Wie stark der Wettbewerb ist, hängt von verschiedenen Faktoren ab. Wenn es viele Anbieter und Nachfrager gibt, ist der Wettbewerb höher, als wenn es nur einige wenige Marktteilnehmer oder sogar ein Monopol gibt. Transparenz kann den Wettbewerb beflügeln, weil ein schlechteres Angebot auch auffällt und dann keine Chance bei den Kunden hat. Hohe Transparenz macht es aber auch einfacher, dass sich in einem Markt mit wenigen Anbietern diese informell auf ein Preisniveau einigen. Wenn die Kunden stark auf unterschiedliche Preise oder Qualitäten reagieren, ist der Wettbewerb höher, als wenn es den Kunden praktische egal ist, was sie zu welchem Preis kaufen. Wenn die Wechselkosten hoch sind, ist der Wettbewerb schwächer, als wenn es mit hohem Aufwand verbunden ist, von einem Anbieter zum anderen zu wechseln. Den Stromanbieter zu wechseln ist beispielsweise deutlich einfacher als der Umzug des Bankkontos. Wenn es mit sehr hohen Kosten verbunden ist, auf den Markt einzutreten, ist der Wettbewerb schwächer, als wenn jederzeit neue Konkurrenten hinzukommen können. Auch die Produkteigenschaften spielen eine Rolle: Wenn das Produkt sehr speziell ist, gibt es zumeist nur wenige Anbieter und einen eingeschränkten Wettbewerb, als dies bei gut austauschbaren Gütern der Fall ist. Wenn Güter international handelbar und transportierbar sind, verstärkt die internationale Konkurrenz den Wettbewerb. Wenn nur der regionale Markt relevant ist, ist die Konkurrenz geringer. Und schließlich spielt die Regulierung eine Rolle: Geschützte Märkte haben weniger Wettbewerb als offene Märkte, auf denen sich alle Marktteilnehmer beweisen können, die hier ihre Chance sehen.

Eine allgemeingültige ideale Marktkonstellation gib es nicht. Und es gibt auch keinen Automatismus, der sicherstellt, dass sich auf einem Markt die Konstellation einstellt, bei der der Wettbewerb am intensivsten ist. Und doch kann schwacher Wettbewerb gestärkt oder intensive Konkurrenz reduziert werden. Wenn es zu wenige Anbieter gibt und überhöhte Preise, schlechte Qualitäten oder wenig innovative Produkte angeboten werden, entsteht ein Anreiz, als neuer Anbieter in diesen Markt einzutreten und den Wettbewerb zu intensivieren. Wenn die Konkurrenz zu groß ist, scheidet der schwächste Teilnehmer aus dem Markt aus. Der Wettbewerb wird damit etwas schwächer. Wenn der Anbieterwechsel kompliziert ist, kann es einen Vorteil im Kampf um neue Kunden darstellen, wenn diese Wechselkosten reduziert werden und der Aufwand beschränkt werden kann. Voraussetzung dafür ist aber immer, dass Wettbewerb überhaupt möglich ist. Wenn es schwer ist, auf einen monopolisierten Markt einzutreten, weil beispielsweise von Beginn an teure Vertriebs- oder Wartungsnetze aufgebaut werden müssen, ist der bisherige Monopolist gut geschützt. Bei einem Kartell aller Anbieter sieht es ganz genauso aus. Wenn internationaler Handel teuer ist, kann das auch durch einen möglichen Konkurrenten von einer anderen Weltregion nicht überwunden werden. Wenn Regulierung den Wettbewerb verhindert oder Subventionen für einen Marktteilnehmer den Wettbewerb aus den Angeln heben, lässt sich das von den beteiligten Anbietern oder Nachfragern nicht einfach abstellen.

Wettbewerb basiert auf Grundlagen, die nicht aus dem spontanen Wettbewerb heraus automatisch bereitgestellt werden. Die Basis des Wettbewerbs ist der freie Handel, der freie Marktzutritt, angemessene Transparenz über Angebot, Nachfrage, Preise und Leistungen sowie eine entsprechende Reaktion der Marktteilnehmer. Abnehmer müssen in ihrer Kaufentscheidung auf Unterschiede im Angebot reagieren, Anbieter müssen sich den Präferenzen ihrer möglichen Kunden anpassen. Aber es braucht mehr. Wettbewerb kann nur entstehen, wenn Machtpositionen infrage gestellt werden dürfen. Wenn wirtschaftliche Machtpositionen beispielsweise mit Waffengewalt verteidigt werden können, kommt es nicht zu Wettbewerb, sondern höchstens zum Kampf um Monopole. Wohlfahrtsmehrende Konkurrenz kommt in einer regellosen Welt nicht zustande. Es braucht ein Rechtssystem mit verlässlich einklagbaren Verträgen und einem stabilen Umfeld. Es braucht klare rechtliche Rahmenbedingungen und keine übermäßige staatliche Intervention. Nicht bei jedem politisch ungewollten Wettbewerbsergebnis darf es zu einer Korrektur durch staatliche Macht kommen. Wettbewerb, der dauerhaft angelegt sein soll, braucht also – um im Bild des sportlichen Wettbewerbs zu bleiben – sowohl ein eindeutiges und allen Teilnehmern bekanntes Regelbuch als auch einen unparteiischen Schiedsrichter. Der Referee muss die Einhaltung der Regeln überwachen, darf aber nicht selbst ein Interesse an einem bestimmten Resultat haben. Wenn der Schiedsrichter die Tore schießt, ist es mit dem Wettbewerb auf dem Platz vorbei. Auch wenn Wettbewerb spontan aus der Interaktion und den Interessen der Marktteilnehmer entstehen kann, braucht es ein durchsetzungsfähiges Regelwerk zur Sicherung offener Märkte, um ihn dauerhaft aufrechtzuerhalten zu können.

Aber auch, wenn es wettbewerbliche Strukturen gibt und Konkurrenten versuchen, sich mit ihren Angeboten den Kunden gegenüber bestmöglich zu präsentieren, muss das noch kein gesicherter Zustand sein. Der Wettbewerb hat vielmehr eine gewisse Tendenz, sich selbst zu zerstören.

Wenn sich ein Anbieter als besonders gut herausstellt, wird er Marktanteile gewinnen und kann die damit verbundenen Gewinne in die weitere Verbesserung seines Angebots investieren. Damit stärkt sich seine Position weiter. Gleichzeitig wird es Konkurrenten geben, die so schlecht aufgestellt sind, dass sie aus dem Markt ausscheiden müssen. Das ist auch richtig so, schließlich schaffen sie weniger Nutzen für die Kunden, sodass dafür auch nicht unnötigerweise Ressourcen eingesetzt werden sollten. Die guten Ansätze werden also belohnt und können verbessert werden, die schlechten werden aussortiert. Damit erfüllt der Wettbewerb eine entscheidende Funktion – allerdings mit einer Nebenwirkung: Mit der Stärkung der ohnehin starken und dem Ausscheiden der schwächsten Unternehmen, wird der Wettbewerb selbst geschwächt. Es gibt einfach weniger Konkurrenz, wenn Konkurrenten aus dem Markt ausscheiden. Wenn gleichzeitig genug Neugründungen entstehen, die vielleicht sogar Mitarbeiter oder Maschinen von insolventen Unternehmen übernehmen können, sieht es natürlich anders aus. Dann kann der Wettbewerb immer weiter gestärkt werden, das Ausscheiden von Unternehmen, die zu viele Ressourcen benötigen, zu schlechte Leistungen abliefern und damit zu wenig Nutzen stiften, würde nicht zu einer Verringerung der Wettbewerbsintensität führen, wenn ausreichend Dynamik bei Neugründungen und jungen Unternehmen herrscht, die die etablierten Platzhirsche angreifen wollen und somit für ein Mehr an Konkurrenzdruck auf dem Markt sorgen.

Im Extremfall endet das Wachstum eines Unternehmens im Monopol, das nur schwer von außen aufzubrechen ist. Monopolisten gelingt es oft, hohe Hürden für den Markteintritt aufzubauen und so potenzielle Konkurrenten auf Abstand zu halten. So kann ein Monopolist beispielsweise Größenvorteile generieren und in Form von niedrigeren

Preisen weitergeben. Er kann eine Service-Infrastruktur oder ein Netzwerk komplementärer Anbieter aufgebaut haben, die seine Stellung absichern. Wenn beispielsweise ein Software-Hersteller ein neues Betriebssystem auf den Markt bringen will, aber es keine Programme oder Apps dafür gibt, ist er zum Scheitern verurteilt. Für ein Betriebssystem, das es noch nicht gibt, werden aber auch keine Anwendungen programmiert. Um ein neues Betriebssystem zu etablieren, muss also gleich ein Angebot an Programmen mit bereitgestellt werden, was es natürlich unvergleichbar schwerer macht, auf den Markt der Betriebssysteme einzutreten. Ein anderes Beispiel sind Suchmaschinen, die auf der Erfahrung bisheriger Suchen basieren. Je öfter sie benutzt werden, desto bessere Ergebnisse können sie liefern und desto attraktiver sind sie für die Kunden. Ein neuer Anbieter einer überlegenen Suchmaschine wird es schwer haben, wenn die eigene Stärke sich nicht ausspielen lässt, weil die Vorteile der etablierten Suchmaschinen mit der reinen Menge der von ihnen gesammelten Daten nicht auszugleichen sind.

Besonders deutlich wird die Gefährdung des Wettbewerbs durch den Erfolg einzelner Anbieter, wenn ein Unternehmen das andere kauft. Damit wird der Vorsprung des Vorreiters mit einem Schlag noch größer, während ein Wettbewerber nicht mehr zur Verfügung steht. Die Marktmacht steigt, Größenvorteile entstehen, aber die Auswahl für die Kunden geht zurück. Fusionen von Unternehmen können den Wettbewerb. Sie basieren aber nicht allein auf dem unternehmerischen Erfolg, sondern auf der bewussten Entscheidung eine potenziell wettbewerbswidrige Strukturentscheidung zu fällen. Konzentrationsprozesse durch unternehmerisches Wachstum und Insolvenzen sind damit weniger leicht zu kontrollieren wie Wettbewerbseinschränkungen durch aktiv betriebene Fusionsprozesse.

Neben Fusionen können auch Absprachen dazu eingesetzt werden, den Wettbewerb zu zerstören. Kartelle können sich beispielsweise auf Preise, Kunden oder Regionen beziehen. So kann verabredet werden, dass man sich in bestimmten Märkten oder bei bestimmten Kunden keine Konkurrenz macht oder nur zu bestimmten Preisen anbietet. Den Abnehmern geht damit die Auswahl verloren, Kartellpartner können höhere Preise durchsetzen und ihren Gewinn steigern. So handeln mehrere Unternehmen gemeinsam als Monopol, nach außen wird aber der Schein des Wettbewerbs gewahrt. Kartellbildung ist kein Automatismus des Wettbewerbsprozesses, kann aber Ergebnis einer weit gefassten Vertragsfreiheit sein. Wenn auch Verträge zur Verhinderung von Wettbewerb und zur Bildung von Kartellen zu Lasten Dritter als zulässig angesehen werden, kann eine freie wettbewerbliche Ordnung nicht bestehen.

Schutz gegen Wettbewerbsbeschränkungen

Wettbewerb kann sich also selbst zerstören oder zerstört werden. Durch den Erfolg einzelner Marktteilnehmer, durch natürliche oder künstlich geschaffene Hürden für neue Konkurrenten, durch wettbewerbswidrige Absprachen oder durch wettbewerbsbehindernde Regulierungen. Von allein sichert sich der Wettbewerb nicht. Die Früchte dieses erfolgreichen Prozesses – ein passendes Angebot mit innovativen Produkten zu günstigen Preisen – stellt sich nicht ein, ohne dass Wettbewerb sichergestellt wird. Und das geht nicht ohne passende staatliche Sicherungsinstrumente und konkrete Eingriffe in marktliche aber wettbewerbswidrige Prozesse. Hierin liegt eine der zentralen Unterscheidungen zwischen der Sozialen Marktwirtschaft, wie sie von ordo- oder neoliberalen Denkern konzipiert wurde, und den früheren, klassisch liberalen Ansätzen. Die Neoliberalen suchten nach einem neuen Liberalismus, nachdem die Schwächen der früheren Versuche deutlich zutage getreten waren – und die planwirtschaftlichen Diktaturen mit ihren umfassenden Unfreiheiten keine adäquate Alternative für eine freiheitliche Gesellschaft sein konnten. Die Tradition des deutschen Ordoliberalismus stellt die staatliche Rahmenordnung (daher der Begriff Ordo) in den Mittelpunkt und setzt sich für freiheitssichernde staatliche Maßnahmen ein, insbesondere auch zum Schutz des Wettbewerbs. Dies wird besonders deutlich beim Umgang mit Kartellen. Während in früheren Phasen wie der Kaiserzeit Kartelle als freiwillige und damit schützenswerte Verträge mit Durchsetzungsanspruch angesehen wurden, steht heute die freiheitseinschränkende Charakteristik im Vordergrund, weshalb Kartelle als Verträge zu Lasten Dritter unzulässig sind und mit erheblichen Strafen geahndet werden. Damit werden die Grenzen der Freiheit klarer beschrieben und zugleich geachtet, die dort liegen, wo Freiheiten Dritter eingeschränkt werden.

Das deutsche Gesetz gegen Wettbewerbsbeschränkungen von 1957 mit dem eindeutig festgeschriebenen Kartellverbot gilt als das Grundgesetz der Sozialen Marktwirtschaft. Die Sicherung des Wettbewerbs gegen private Einschränkungen wurde erst mit einiger Verspätung nach Gründung der Bundesrepublik eingeführt und konnte nur gegen erhebliche Widerstände durchgesetzt werden. Zu verbreitet waren die früheren Traditionen, die darin eine unangemessene Einschränkung unternehmerischer Handlungsfreiheiten sahen. Heute geht der Streit noch über die konkrete Ausgestaltung und Weiterentwicklung; die Tatsache, dass Kartelle (bis auf wenige eng umrissene Ausnahmen) verboten sind, wird aber nicht mehr ernsthaft infrage gestellt. Dass es dennoch immer wieder zur

Kartellbildung kommt und immer wieder illegale Absprachen aufgedeckt und schwer bestraft werden, zeigt, wie notwendig die staatliche Wettbewerbssicherung durch ein durchsetzungsfähiges Kartellamt mit entsprechenden, praktisch polizeilichen Ermittlungsmöglichkeiten auch weiterhin ist.

Neben dem Kartellverbot ist die Fusionskontrolle entscheidend für die Beibehaltung einer Vielzahl von Anbietern, unter denen wirkungsvolle Konkurrenzbeziehungen bestehen. Bei einer Fusion entscheiden zwei Unternehmen, zukünftig besser auf den Märkten positioniert zu sein, indem sie sich zu einer Firma zusammenschließen. Oder aber ein Wettbewerber kauft den anderen, auch gegen seinen Willen. Fusionen können auf demselben Markt, auf verbundenen Märkten oder auf völlig unabhängigen Märkten stattfinden. Letzteres ist am wenigsten problematisch. Hier wird zwar jeweils ein Marktteilnehmer gestärkt und damit die Position der Konkurrenten relativ geschwächt, der Wettbewerb sollte in den meisten Fällen aber nicht gefährdet sein. Bei Fusionen eines Unternehmens, das bereits über eine starke Marktposition verfügt, mit einem ebenfalls bedeutenden Lieferanten kann sich die Marktmacht deutlich erhöhen. Es können beispielsweise auf diesem Wege Eintrittshürden für mögliche Wettbewerber geschaffen werden, die keinen Zugang zu den Produkten des Lieferanten haben. Besonders kritisch sind Fusionen im selben Markt. Wenn zwei große oder ein großer und ein kleinerer Wettbewerber sich zusammenschließen, entsteht ein Gemeinschaftsunternehmen mit deutlich höherem Marktanteil. Eine spürbare Schwächung des Wettbewerbs kann die Folge sein. Da dieser Konzentrationsprozess in Forme eines einzigen, geplanten Schrittes vonstattengeht, gibt es auch einen klaren Kontrollpunkt für die Kartellbehörden. Die geplante Fusion muss, wenn sie eine Mindestgröße überschreitet, angemeldet und genehmigt werden, bevor sie umgesetzt werden kann. Wenn befürchtet werden muss, dass der Wettbewerb durch die

Fusion zu stark beschränkt wird, wird diese untersagt. Auch dies ist ein fundamentaler staatlicher Eingriff. Beide Vertragspartner wollen einen Vertrag abschließen. Wenn dieser aber vermutlich erhebliche negative Auswirkungen auf Dritte hat, wird dieser untersagt, oder nur unter Auflagen zugelassen. Möglich ist nämlich, dass die Fusion gebilligt wird, wenn die beteiligten Unternehmen sich von bestimmten anderen Aktivitäten trennen. Voraussetzung ist aber, dass das Gesamtpaket den Wettbewerb nicht gefährdet, dass also die Auflagen streng genug sind, die wettbewerbswidrige Wirkung des Zusammenschlusses auszugleichen. Die Fusionskontrolle kann sogar eine Fusion zweier Unternehmen untersagen oder mit Auflagen verbinden, die ihren Sitz im Ausland haben, solange sie auf dem europäischen Markt tätig sind. Entscheidend ist die Wirkung im Inland, daraus speist sich die Stärke dieses Schutzmechanismus.

Immer wieder entsteht dabei aber ein Konflikt zwischen Wettbewerb auf dem heimatlichen Markt und Wettbewerbsfähigkeit auf dem Weltmarkt. Zumindest wird dieser mögliche Widerspruch ins Feld geführt, wenn große Fusionen gerechtfertigt werden sollen, die zu marktbeherrschenden Unternehmen führen, gegen die die Konkurrenz keine Chance hat. Folgende Situation ist denkbar: Zwei Unternehmen, die in Europa hohe Marktanteile haben, wollen fusionieren. Nur so glauben sie, die nötige Größe erreichen zu können, die für große internationale Aufträge notwendig ist. Die These ist, dass die internationale Wettbewerbsfähigkeit und damit eine erfolgreiche Zukunft der Unternehmen nur in einer größeren Einheit erreicht werden kann. Der Preis einer Fusion wäre aber, dass es auf dem europäischen Markt praktisch keinen Wettbewerb mehr gäbe, weil das zusammengeschlossene Unternehmen alle Konkurrenten dominieren würde. Diese Idee der Nationalen Champions oder Europäischen Champions wird immer wieder vorgebracht. Aber stimmen sie? So muss geklärt werden, ob nicht Maßnahmen mit weniger Nebenwirkungen das gleiche Ziel erreichen lassen, und welche Wirkungen eine solche Fusion hätte. Ist es wirklich stichhaltig, dass ohne Fusion ein internationaler Erfolg unmöglich ist? Und wäre beispielsweise eine Kooperation auf Exportmärkten möglich, ohne den Wettbewerb im Heimatmarkt einzustellen? Oder könnte umgekehrt der Heimatmarkt noch besser für internationale Konkurrenten geöffnet werden, um die wettbewerbsbeschränkende Wirkung der Fusion abzumildern? Mit welchen Kosten müssen die inländischen Verbraucher rechnen? Und wie sind die Schäden auf dem Heimatmarkt gegen die Vorteile eines international erfolgreichen Unternehmens abzuwägen? Klar ist: Hier kommen wir an Grenzfälle der Wettbewerbspolitik.

Nun kann der Wettbewerb aber auch einfach durch natürliches Wachstum eines Unternehmens beschränkt worden sein, während alle anderen Konkurrenten vom Markt verschwunden sind oder jedenfalls keine nennenswerte Rolle mehr spielen. Eine Eingriffsmöglichkeit der Wettbewerbshüter hat es nicht gegeben, insofern konnte auch nicht verbietend eingegriffen werden. Wenn ein Unternehmen so stark ist, dass ein Missbrauch der Marktmacht droht, kann die unternehmerische Freiheit noch weiter eingeschränkt werden. Mit der Missbrauchskontrolle soll gewährleistet werden, dass der Quais-Monopolist sich trotz der marktbeherrschenden Stellung so verhält, als stünde er im Wettbewerb. Die Machtstellung soll nicht zu Lasten der Kunden, Lieferanten oder andere Marktteilnehmer ausgenutzt werden. Aber diese Eingriffsmöglichkeit stößt an Grenzen. Schließlich ist der Wettbewerb, der eigentlich geschützt werden soll, nicht mehr vorhanden. Das Kind liegt schon im Brunnen. Vielleicht können die schlimmsten Versuche, Marktmacht zu missbrauchen, verhindert werden. Aber die effizienzsteigernde und vor allem innovationsfördernde Funktion des Wettbewerbs ist im Monopolfall verloren. In besonders eklatanten Fällen wird daher auch die Aufspaltung von Unternehmen diskutiert. Historisches Vorbild dafür ist die Trennung des Rockefeller-Imperiums. Standard Oil wurde erfolgreich in mehrere Unternehmen aufgeteilt, die dann im Wettbewerb zueinanderstanden. Bei homogenen Gütern und getrennten Produktionsstätten wie in der Ölindustrie war das verhältnismäßig einfach. Bei intern stark vernetzten Internetunternehmen wäre das vermutlich viel schwieriger – zumal, wenn die Unternehmen ihren Sitz im Ausland haben und sich notfalls vom deutschen Markt zurückziehen könnten, ohne das es vergleichbare Alternativen, die diese Lücke schließen können. Und auf Neugründungen zu hoffen, die die Lücke schließen oder als starke Wettbewerber auftreten können, verlangt einen langen Atem.

Auf bestimmten Märkten bleibt nichts anderes übrig, als Monopole gut zu kontrollieren. Gerade Netzinfrastrukturen sind typischerweise Monopole. Ein konkurrierendes Strom- oder Schienennetz aufzubauen, wäre unsinnig und pure Ressourcenverschwendung. Man spricht auch von natürlichen Monopolen, weil größere Unternehmen in diesen Bereichen per se effizienter sind und Wettbewerb um höhere Effizienz damit automatisch im Monopol endet. Wenn diese Services nicht direkt vom Staat ausgeübt werden, weil die unternehmerische Dynamik zu mehr Effizienz und Innovation genutzt werden soll, müssen die Netzmonopole gut reguliert werden. Dies gilt insbesondere für den Leistungsumfang und die Preise, die von den Kunden verlangt werden dürfen. Regulierung darf aber einer effizienten Leistungserstellung nicht im Wege stehen. Wenn beispielsweise die genehmigten Nutzungsgebühren der Netze sich aus den Kosten der Netzbetreiber und einem prozentualen Gewinnaufschlag zusammensetzen, haben die

Unternehmen den Anreiz, möglichst viele Kosten zu produzieren, weil damit der Gewinn ansteigt. Wenn es mehrere Netzmonopole in verschiedenen Regionen gibt, kann aus dem Vergleich der Unternehmen ein Effizienzmaßstab abgeleitet werden. Aber auch hier bleibt es beim simulierten Wettbewerb, der dem echten Wettstreit nie vollständig ersetzen kann.

Wo privates Agieren der Marktteilnehmer den Wettbewerb gefährden, stehen die entsprechenden Kartellämter oder Regulierungsbehörden zum Schutz bereit. Wenn aber staatliches Handeln selbst dem Wettbewerb im Wege steht, wird es noch einmal schwieriger. Dabei sind staatliche Wettbewerbsbeschränkungen und -verzerrungen vielfältig, oft versteckt oder unbeabsichtigt. Wenn bestimmte Technologien vorgeschrieben oder verboten werden, beeinflusst das den Wettbewerb. Ein solcher Eingriff kann sachlich, beispielsweise aus Gründen des Gesundheits- oder Umweltschutzes, begründet sein. Er kann aber auch industriepolitisch motiviert sein: Wenn zum Beispiel heimische Unternehmen gefördert werden sollen, kann das in solchen technischen Vorgaben versteckt werden. Das ist dann aber keine Umwelt- oder Gesundheitspolitik mehr, sondern eine harte Wettbewerbsverzerrung zu Gunsten heimischer und zu Lasten ausländischer Anbieter. Schutzzölle und versteckte Handelshemmnisse verzerren ebenfalls den Wettbewerb. Und wie immer haben die Kunden den größten Schaden einer Beschränkung der Konkurrenz. Schließlich sollen die Unternehmen möglichst intensiv um die Gunst der Verbraucher konkurrieren. Je stärker dies behindert wird, desto schlechter das Ergebnis aus Kundensicht.

Subventionen, Sonderregel und Privilegien aller Art greifen in den Wettbewerb ein. Dabei sind Subventionen noch vergleichsweise transparent und entsprechend kontrollierbar. In Deutschland gibt es eine umfangreiche Subventionsberichterstattung, in der Zahlungen und Steuervorteile aufgeführt sind. Auf europäischer Ebene gibt es zusätzlich strenge Beihilferegeln. Diese sollen dafür sorgen, dass wettbewerbsverzerrende Beihilfen unterbleiben. Hohe Rückzahlungsforderungen drohen, wenn zu Unrecht Subventionen ausgezahlt wurden, die als Widerspruch zum Europäischen Binnenmarkt angesehen werden.

Noch schwieriger ist es, verdeckte Wettbewerbsverzerrungen zu kontrollieren. Diese können in allgemein gültigen und neutral formulierten Regeln versteckt sein, aber dennoch einzelne Unternehmen bevorzugen. Wenn es zudem staatliches Eigentum an einzelnen Wettbewerbern gibt, entsteht schnell die Befürchtung, dass bestimmte Regeln so formuliert werden, dass sie den Interessen des Unternehmens entgegenkommen, von deren Erfolg der Staat doppelt profitiert – durch Steuerzahlungen und Gewinnabführungen. Dies ist in ohnehin stark regulierten Märkten besonders problematisch. Wenn staatlich privilegierte Unternehmen gegen unabhängige Firmen konkurrieren müssen, ist das kein unverzerrter Wettbewerb mehr. Wenn der Staat Schiedsrichter und Spieler zugleich ist, ist der Wettbewerb in Gefahr. Schutz bietet hier zum einen der Verzicht auf Staatseigentum. Privatisierung von Unternehmen, die auch ohne staatliches Eigentum wirtschaften können, stärkt auch die Chancengleichheit im Wettbewerb, setzt bisher privilegierte Unternehmen unter Druck und nützt damit den Verbrauchern. Zum anderen muss der Staat aber so stark aufgestellt sein, dass er möglichst immun ist gegen den Versuch, Privilegien, Sonderregeln oder spezifische Subventionen zu erhalten. Ein Staat mit der Macht zur Sicherung des Wettbewerbs in seiner Rolle als unabhängiger Regelsetzer und neutraler Schiedsrichter darf nicht gefährdet werden. Wettbewerb erfordert einen durchsetzungsfähigen und in seiner Schiedsrichterrolle starken und unabhängigen Staat, keinen Staat, der wegschaut und wettbewerbsverzerrende und -ausschaltende Fehlentwicklungen ignoriert oder seine Rolle durch bestehende Interessenkonflikte nicht wahrnehmen kann.

Um den Wettbewerb zu fördern, braucht es jenseits der Schutzregeln aber vor allem ein wettbewerbsfreundliches und dynamisches Umfeld. Offene Märkte stärken den Wettbewerb, indem internationale Konkurrenz auftritt, dem Kunden dient und die heimischen Unternehmen zu mehr Wettbewerbsfähigkeit zwingt. Markteintrittsbarrieren können abgebaut werden, Regulierungen müssen diskriminierungsfrei wirken. Je besser zudem das Umfeld für Unternehmensgründungen ist, desto eher wird der Wettbewerb gestärkt. Mit jeder Gründung kommen weitere Innovationen und weitere Konkurrenten auf den Markt. Wie erfolglose Unternehmen aus dem Markt ausscheiden müssen, so müssen neue Unternehmen hinzukommen, um den Wettbewerb aufrecht zu erhalten. Gründung und internationale Investitionen im Inland stärken aber auch den Wohlstand des Landes. Jede Regierung hat ein Interesse daran, die Bedingungen für heimische Unternehmen zu stärken – dies darf den Wettbewerb aber nicht behindern.

11

Wettbewerb erfordert Regeln

Ohne Spielregeln geht es nicht

Es gehört zu den wohl größten Missverständnissen oder Vorurteilen, dass Wettbewerb keine Regeln braucht. Wettbewerb ist nicht das Recht des Stärkeren, nicht der Kampf aller gegen alle, und das mit allen Mitteln. Wettbewerb als wirtschaftlicher Mechanismus braucht genauso Regeln, wie jede moderne Gesellschaft Regeln braucht. Wettbewerb ist nicht Anarchie, nicht Chaos, sondern muss gestaltet werden.

Zur Anschauung dient noch einmal der Sport. Keine Sportart kann funktionieren, wenn jeder einfach nur macht, was er will. Wenn beim Radrennen erlaubt wird, den Gegner in den Graben zu schubsen, beim Fußball der Ball unter den Arm genommen und nach vorne getragen oder beim Segeln ein Motoreingesetzt würde, wäre das kein Wettbewerb. Wenn jeder Rennläufer seine eigene Strecke auswählt, Fußballer für einen Kopfball die dreifache Zahl an Toren zugesprochen haben wollen oder sich beim Eiskunstlauf jeder selber zum Sie-

© Der/die Autor(en), exklusiv lizenziert an Springer Fachmedien Wiesbaden GmbH, ein Teil von Springer Nature 2023
H. Bardt, *Wettbewerb!*, https://doi.org/10.1007/978-3-658-39731-9_11

ger kürt, wäre völlig unklar, wer besser ist und den Wettbewerb für sich entscheiden kann. Ohne ein klares Ziel wäre nicht einmal klar, was das Ganze überhaupt soll. Und ein Schiedsrichter wäre natürlich auch überflüssig – wonach sollte er auch entscheiden, wenn alles erlaubt wäre?

Schon der Sport basiert auf Regeln. Regeln definieren eine Sportart überhaupt erst. Beim Fußball wird mit dem Fuß gespielt, nicht mit der Hand – beim Handball ist es umgekehrt. Ein Radrennen geht über eine definierte Strecke bis zu einem Zielpunkt. Und beim Eiskunstlauf geht es darum, möglichst schwierige Sprünge in einer besonders schönen und anspruchsvolle und vor allem fehlerfreien Darstellung zu zeigen – vermutlich einer der am unklarsten formulierten und für Außenstehende schwer nachvollziehbare Bewertungsmaßstäbe. Aber auch innerhalb der eigentlichen Definition der Sportart und der Wettbewerbe gibt es viele klare Regeln, die den Wettbewerb fair und den Sport attraktiv machen sollen. Ein Foul-Spiel wird geahndet, wer brutal und grob unsportlich ist, darf nicht mehr mitmachen. Die Abseits-Regel im Fußball, die oft zu sehr umstrittenen Entscheidungen führt, soll dazu beitragen, dass nicht einfach ein gegnerischer Stürmer vorne stehen bleibt und es nur noch zu langen Pässen in der Spitze kommt. Kugeln beim Kugelstoßen müssen bestimmte Gewichte haben, damit kein Teilnehmer im Nachteil ist und nur die eigene Leitung zählt. Bei manchen Sportarten sind die Regeln einfach zu verstehen, bei anderen nicht. Den 100 Meter-Lauf gewinnt, wer als erstes im Ziel ist. Hier hat es ein Referee leicht. Beim Rugby mit seinem komplizierten Reglement kennt sich wahrscheinlich nur der Schiedsrichter aus. Hoffentlich wenigstens er.

Die Regeln im Sport selbst gelten für den laufenden Wettbewerb und werden von den Schiedsrichtern überwacht, sie sind aber auch selbst einer dauernden Veränderung unterworfen. Das beginnt schon damit, dass unterschiedliche

Schiedsrichter bestimmte Regeln unterschiedlich auslegen können. Wann ist absichtliches Handspiel zu ahnden und wann gibt es keine Konsequenzen, weil der Ball den Arm berührt hat? Wann ist ein Foul im Strafraum mit einem Elfmeter zu bestrafen, und wann war das nur die übliche Härte, aber kein wirkliches Foul? Wann war das Vergehen so schwer, dass eine gelbe oder sogar eine rote Karte gezogen werden muss? Je größer der Auslegungsbedarf einer Regel ist, desto stärker kommt es auf den Unparteiischen an. Andere Entscheidungen sind einfacher: Tor ist Tor. Und ob der Ball vollumfänglich hinter der Linie war, entscheidet inzwischen die Technik.

Aber nicht nur die Auslegung, auch die Regeln und Wettbewerbe ändern sich. Neue Wettbewerbe wie zum Beispiel Staffeln beim Rennrodeln werden erfunden, um für das Publikum attraktiver zu werden. Ganze neue Ligen werden gegründet, damit wie in der Champions League die besten Mannschaften gegeneinander antreten können. Die Einführung der Drei-Punkte-Regel im Fußball sollte die Mannschaften zu einer offensiveren Spielweise anregen. Wenn es kurz vor Schluss unentschieden steht, werden bei einem erfolgreichen Siegtreffer zwei zusätzliche Punkte gewertet. Wenn dies misslingt und die Offensive durch einen Konter bestraft wird, kostet die Niederlage aber nur einen Punkt. Beim Motorsport gibt es immer neue und veränderte technische Vorgaben. Damit soll auch der Vorsprung einzelner Teams ausgeglichen werden. Finanzielle Obergrenzen sind ebenfalls ein Instrument, das eingeführt wurde, um die starken Teams nicht zu überlegen werden zu lassen. Und beim Skispringen setzte sich der neue V-Stil erst dann endgültig durch, als er nicht mehr durch schlechte Haltungsnoten bestraft wurde. Regeln spielen im sportlichen Wettbewerb eine nicht zu unterschätzende Rolle.

Auch wirtschaftlicher Wettbewerb ist ohne Regeln nicht denkbar. Dabei unterscheiden sich beide Formen des Wettbewerbs natürlich grundlegend voneinander. Beim Sport geht es darum, eine definierte Aufgabe besser zu machen als die anderen Teilnehmer. Mehr Tore schießen, weiter springen, schneller am Ziel sein. Der Wettbewerb fokussiert auf „schneller, weiter, höher", und an klar definierten Punkten werden Sieger gekürt, bevor es wieder von vorne losgeht. Grundlegende Innovationen gibt es vergleichsweise selten. Oftmals finden sie zudem nicht als Veränderung innerhalb des Wettkampfs statt, sondern der Wettbewerb selbst wird neu definiert. Aber auch das Ziel der Innovation ist ein anderes. So sind beispielsweise Staffelläufe beim Rennrodeln nicht eingeführt worden, um schneller zu fahren, sondern um die Sportart attraktiver für die Zuschauer zu gestalten. Regeln im Sport müssen dem Zuschauer gefallen und nicht zwingend bessere Ergebnisse „auf dem Platz" bewirken. Zudem: Was sind Verbesserungen? Zwar ist gut messbar, wie schnell die 100 Meter gelaufen werden oder wie weit der Speer geworfen wird. In diesen Fällen können sich auch alle Wettbewerber verbessern. Aber gilt das auch beim Fußball oder anderen Sportarten, wo es nur darauf ankommt, relativ besser zu sein als die anderen, ohne dass es absolute, messbare Kriterien gibt? Sportlicher Wettbewerb soll attraktiv für Zuschauer sein, braucht dafür spannende Wettkämpfe innerhalb klarer Regeln. Wirtschaftlicher Wettbewerb ist offener für vielfältige Innovationen, hat kein so eng definiertes Ziel und braucht deshalb auch andere Regeln. Aber auch er braucht Regeln.

Einige Regeln sind so grundsätzlich, dass sie für jede Art von Wirtschaften und darüber hinaus für die freiheitliche Gesellschaft notwendig sind. Dazu gehört, dass Verträge einzuhalten, Eigentum zu respektieren und Handlungsfreiheiten zu achten sind. Ohne freiwillige Absprache von zwei oder mehr Partnern kann es keinen Handel, keine Kooperation und keinen Wettbewerb geben. Wenn diese Vereinbarungen oder Verträge nicht eingehalten werden müssen, sind sie aber wertlos. Verträge müssen verlässlich sein, damit Angebote gemacht und nach Leistungserbringung auch vergütet werden. Ohne gesichertes Eigentum kann es auch keinen wirkungsvollen Wettbewerb geben. Wenn ein Unternehmen nicht sicher sein kann, dass es im Erfolgsfall auch von den Früchten des Erfolgs profitieren wird, sondern wenn Enteignungen drohen, wird auch kein Wettbewerb zustande kommen, in dem Unternehmen erhebliche Risiken eingehen müssen. Wenn Patente oder andere Formen des geistigen Eigentums nicht geschützt und respektiert werden, sondern wenn jederzeit damit gerechnet werden muss, dass Technologien kopiert werden, wird es an Investitionen in die Entwicklung neuer technischer Lösungen mangeln. Und wenn Handlungsfreiheiten fehlen, wenn Meinungsfreiheit eingeschränkt ist, dann haben neue Ideen viel weniger Chancen gedacht oder ausprobiert zu werden. Innovationen – seien es technische, seien es komplett neue Produkte, Dienstleistungen oder Geschäftsmodelle – bedürfen des Freiraums, diese neuen Wege auch gehen zu dürfen und damit entweder erfolgreich zu sein oder zu scheitern.

Sicherung des Eigentums, Vertragsfreiheit und allgemeine Handlungs- und Meinungsfreiheiten sind wesentliche Errungenschaften freiheitlicher Rechtsstaaten und Demokratien. Liberale Gesellschaften sind prädestiniert dafür, Wettbewerb zuzulassen. Zu Gesellschaften hingegen, die streng hierarchisch organisiert sind, passt der Wettbewerb nicht. Im Wettbewerb kann sich durchsetzen, an Wohlstand, Ansehen und Einfluss gewinnen, wer neue und gute Lösungen für die Bedürfnisse der Bevölkerung entwickelt und anbietet. Die bestehenden Machtstrukturen werden damit infrage gestellt und sie müssen infrage gestellt werden dürfen, wenn Wettbewerb möglich sein soll. Demokratische und rechtsstaatliche Verfahren, in denen Regeln den Wünschen der Bevölkerung gestaltet und dann aber auch durch eine unabhängige Justiz durchgesetzt werden, die Basis für alle anderen Regelwerke, die den Wettbewerb gestalten müssen.

Wenn Wettbewerb unreguliert ist, kann er zu ungewünschten Ergebnissen führen. Wenn er aber zu eng reguliert ist, kann er seine dynamische Wirkung nicht mehr entfalten. Die richtige Dimension und Ausgestaltung einer Regelsetzung zu finden und gleichzeitig Offenheit für schnelle und grundlegende Veränderungen zu bewahren, ist die schwierige und andauernde Aufgabe für Politik und Administration.

Notwendige Verhaltenseinschränkungen

Ohne angemessene Regeln kann Wettbewerb destruktive Züge annehmen oder Risiken unzureichend berücksichtigen. Nehmen wir als Beispiel den Flugverkehr. Hier sollen zahlreiche technische Vorgaben die Sicherheit des Fliegens erhöhen. Wenn die Fluggesellschaften selbst über Mindeststandards der Wartung entscheiden, reicht ein Unternehmen, um einen Wettbewerb hin zu billigen Angeboten mit schlechteren Standards in Gang zu bringen. Wer auf Sicherheit verzichtet und beispielsweise kostspielige Wartungen verzögert, kann zu niedrigeren Preisen anbieten. Wenn ein Konkurrent diese Strategie verfolgt und sie bei den Kunden, die die günstigen Angebote sehen, die technischen Fallstricke aber nicht kennen, erfolgreich ist, können andere gezwungen sein, dem schlechten Beispiel zu folgen. Technische und prozessuale Regulierung – hier zu Sicherheitsstandards und Wartungsvorschriften – ist eine Antwort, Aufklärung der Kunden eine andere. Letzte kann erstere aber nicht immer ersetzen, insbesondere bei technisch anspruchsvollen Fragen können viele Kunden überfordert sein und trotz weiterer Informationen bleiben, die sich allein auf die Sicherheit des Fliegens verlassen wollen.

Wettbewerb droht dann destruktiv zu werden, wenn Entwicklungen prämiert werden, die als negativ eingeschätzt werden. Systematisch kann das passieren, wenn Risiken unterschätzt oder ignoriert werden, weil entweder das Unternehmen im Schadensfall nicht haften muss oder weil Unternehmensverantwortliche darauf hoffen, dass die seltenen Schäden nicht während ihrer Amtszeit auftreten und deshalb andere mit den Problemen zu kämpfen haben. Hoher Kostendruck kann für den Wettbewerb ebenfalls problematisch sein, wenn er sich ausschließlich auf den Preis beschränkt, alle Arten von Qualitäten aber außen vorlässt. Hier ist es Aufgabe der Konsumenten, nicht nur dem einfachen Preisreflex zu folgen, sondern eine ernsthafte Abwägung von Kosten- und Nutzenunterschieden der verschiedenen Anbieter vorzunehmen. Wenn die Konsumenten aber ausschließlich den Preis im Auge haben, warum sollten sie dann in ihrer Rolle als Wähler der Politik den Auftrag geben, über den Weg der Regulierung die vielleicht doch gewünschten Standards und Qualitäten sicherzustellen?

Regeln entstehen nicht von allein, sondern müssen etabliert und allgemein anerkannt oder sogar aktiv gesetzt werden. Sie können das Ergebnis von wettbewerblichen Prozessen sein. Bestimmte Technologien können im Wettbewerb bestehen und bilden damit den Standard für weitere Entwicklungen. Vielfach sind Usancen lange eingeübt und fest etabliert, dass ein Abweichen allgemein als Regel- oder gar Tabubruch angesehen wird. Viele Standards werden aber auch von den Anbietern kollektiv gesetzt. Das ganze Normungswesen beruht darauf, dass sich die Marktteilnehmer auf gemeinsame Standards einigen und diese dann befolgen. Alternativen sind nicht verboten, aber oft faktisch nicht am Markt vorhanden. Die Größe von Papierbögen wird in Europa nach dem DIN-System eingeteilt. Daher ist DIN A4 eine Standard-Größe, auf die vom Drucker bis zum Briefumschlag alles ausgerichtet ist. Der Standard-Brief in den USA hingegen hat mit dem „legal"-Standard andere Maße. Obwohl es nicht verboten ist, findet sich in Europa kaum Papier im legal-Format, ähnlich ist es in den USA mit DIN A4.

So bedeutend Regeln sind, so schwierig ist es, sie richtig zu setzen. Sie müssen verlässlich, aber veränderbar sein. Wenn Regeln sich ständig ändern, kann sich kein Unternehmen und kein Kunde daran gewöhnen, sich darauf einstellen und entsprechend planen. Ein ständiger Wechsel des Regelwerks führt zu Beliebigkeit und entwertet das Reglement selbst. Wenn niemand weiß, was gerade oder in naher Zukunft gültig ist, wird auch die Neigung abnehmen, die Regeln zu befolgen. Innovationen sollen, die in Zukunft gelten Regeln berücksichtigen und die entsprechenden Anpassungsbedarfe ermöglichen. Dazu muss aber eine langfristige Verlässlichkeit gegeben sein. Gleichzeitig ändert sich die Welt andauernd, bestehende Regeln können durch technische oder gesellschaftliche Änderungen überholt sein. Neue Möglichkeiten, wie sie neue Technologien bieten erfordern ebenso wie die daraus resultierenden Probleme entsprechende Regelwerke. Auch Regeln selbst können und sollten Innovationsprozessen unterliegen. Eine intelligentere Regulierung als die bestehende ist eine innovative Verbesserung, die möglich sein sollte. Regeln dürfen also auch nicht starr sein, sondern müssen gleichzeitig verlässlich und anpassungsfähig sein. Dies kann dadurch sichergestellt werden, dass die Gesamtheit der wirtschaftlichen und gesellschaftlichen Regulierung einer bestimmten Grundphilosophie folgt. So sind Regelveränderungen nicht völlig beliebig, sondern entsprechen einer Linie, die den Beteiligten bekannt ist und die sie in gewissem Maße antizipieren können.

Regeln müssen bestimmte Verhaltensweisen ausschließen oder vorschreiben, das ist praktisch die Definition von Regeln, aber gleichzeitig möglichst sie viele Handlungsfreiheiten belassen. Regeln, die alles zulassen, sind keine Regeln. Es geht ja gerade darum, bestimmte Optionen, die im Wettbewerb einen Vorteil bringen könnten, zu verbieten. Wenn ein Unternehmen in Filteranlagen und Abfallentsorgung investiert, ein anderes alle Abfälle einfach in den nächsten Fluss kippen könnte, damit Kosten sparen und einen Wettbewerbsvorteil erlangen würde, wird das durch allgemeingültige Regeln zur Abfallverbringung und Abgasbehandlung ausgeschlossen. Sicherheitsregeln in der Luftfahrt gelten für alle, damit niemand sich durch versteckte Risiken einen Vorteil erlangen kann. Verbraucherschutzregeln wie beispielsweise zur Auszeichnung von Mengen und Inhaltsstoffen oder Gewährleistungsfristen gelten ebenso für alle Anbieter, damit die gewünschte Transparenz hergestellt werden kann. Reiseveranstalter müssen sich die Reisen ihrer Kunden gegen Insolvenz versichern, damit im Ernstfall nicht die Kunden auf dem Schaden sitzenbleiben, den sie nicht verursacht haben. Je allgemeiner diese Regeln sind, desto besser können sich die Akteure daran anpassen und im Wettbewerb immer bessere Wege finden, die formulierten Ziele zu erreichen. Wenn beispielsweise die zulässigen Emissionen definiert werden, können Unternehmen durch technische Neuerungen immer einfachere und günstigere Wege finden, diese einzuhalten. Wenn aber die Regulierung so detailliert ist, dass genau vorgeschrieben wird, mit welcher Technologie in welcher Situation wie gearbeitet werden soll, dann ist die Suche nach besseren Wegen durch Rechtsetzung beendet. Wenn Regeln zu konkret und detailliert sind, behindern sie Innovationen und erschweren sowohl eine bessere Erfüllung der angestrebten Ziele der wirtschaftlichen Ziele der Unternehmen. Wenn Regeln jedoch zu abstrakt formuliert sind, finden sich immer wieder Lücken oder nicht abgedeckte Situationen. Unternehmen können Wege suchen, die formal den Regeln entsprechen, gleichzeitig den eigentlichen Regulierungszweck aber nicht erfüllen. Wenn solche Schlupflöcher mit neuen Detailvorgaben geschlossen werden müssen, führt das über kurz oder lang zu einem Detaillierungsgrad, dass eigene, insbesondere auch sinnvolle Lösungen nicht mehr ausprobiert werden können und der Wettbewerb als Verfahren zur Lösung der Probleme, die die Regulierung erforderlich gemacht haben, keine konstruktive Rolle mehr spielen darf.

Regeln müssen also ebenso verlässlich wie anpassbar, ebenso klar und detailliert wie offen für innovative Lösungen sein. Dass es hier keinen Königsweg gibt, ist wohl offensichtlich. Die Regelsetzung liegt üblicherweise beim Staat als neutralen Regelsetzer und Schiedsrichter. Die verschiedenen Dilemmata bei der Regelformulierung und insbesondere die andauernde Anpassungsnotwendigkeit verlangt einen intensiven Diskurs und die Beteiligung der betroffenen Akteure. Staaten mit autoritären Strukturen können zwar schnell Regeln ändern, werden aber kaum in der Lage sein, die schrittweisen Veränderungen mitzugehen und das Wissen der Betroffenen über die Wirkung von Regulierungen und wahrgenommenen Regulierungslücken angemessen zu verarbeiten. Dies erfordert demokratische und transparente Strukturen. Auch hier gehen freiheitliche Demokratien und wettbewerbliche sowie regelgebundene Marktwirtschaften Hand in Hand.

Regeln für den Wettbewerb sind nicht willkürlich, sondern müssen gut begründet sein. Ein wesentlicher Begründungsstrang ist – neben der Sicherung des Wettbewerbs selbst – die Tatsache, dass in bestimmten Konstellationen der Wettbewerb ohne begleitende Regeln nicht zu guten Lösungen führt. Zu Sicherung des Wettbewerbs gelten beispielsweise Transparenz- oder Gewährleistungsvorschriften. Wenn Anbieter Eigenschaften ihrer Produkte verstecken können und nicht für Fehler ihrer Angebote geradestehen müssen, wird ein funktionierender Wettbewerb um beste Lösungen für die Kunden nicht zu-

stande kommen. Hier sollen also unterschiedliche Startvoraussetzungen beziehungsweise Informationsniveaus oder
Machtpositionen im Wettbewerb ausgeglichen werden. Ein
anderes Beispiel hierfür ist das Mietrecht, dass durch klare In-
standhaltungspflichten des Vermieters und einer Beschränkung
von Preissteigerungen charakterisiert ist. Da der Wechsel der
Wohnung für den Mieter mit erheblichen Kosten verbunden
ist, wäre es für den Vermieter ein leichtes, die Miete nach Einzug deutlich zu erhöhen oder den Standard durch fehlende Re-
paraturen zu senken. Um den Missbrauch dieser Machtposition
zu verhindern, ist der Mieter besonders geschützt. Hier wird
Wettbewerb dadurch gestärkt, dass Missbrauchspotenziale
nach Abschluss des Vertrages reduziert werden und so das Risiko des Abschlusses eines Mietvertrags für den Mieter deutlich
reduziert wird. Er muss jetzt nicht mehr den Charakter des Vermieters einschätzen, sondern kann sich voll und ganz auf die
Wohnung und den dafür verlangten Preis konzentrieren.

Auch andere Regeln sollen den Wettbewerb dezidiert
und auf direktem Wege stärken. So müssen beispielsweise
Mobilfunkanbieter die bestehende Telefonnummer zu angemessenen Kosten weitergeben, wenn die Kunden sie zu
einem neuen Betreiber mitnehmen wollen. Banken sind
seit einigen Jahren verpflichtet, ihren Kunden beim Konto-
wechsel zu helfen. Ohne diese Vorgaben wäre es für die
Kunden unangemessen teuer, von einem Anbieter zum anderen zu wechseln. Der Wettbewerb wäre faktisch blockiert.
Diese Regeln sorgen dafür, dass Kunden immer neu auswählen müssen und Anbieter mit ihren Produkten immer
wieder neu überzeugen können. Sie müssen nicht nur einmal um die Gunst des Kunden werben, sondern laufend.
Derartige Regeln können also den Wettbewerb intensivieren und damit den Kunden nützen.

Unerwünschte Ergebnisse verhindern

Neben der Stärkung des Wettbewerbs und der Herstellung vergleichbarer Macht- und Informationsstände der Beteiligten geht es bei vielen Regeln darum, unerwünschte Wettbewerbsergebnisse zu vermeiden. So sollen beispielsweise allgemein anerkannte Sozialstandards durchgesetzt werden, ebenso als notwendig erachtete Sicherheitsstandards oder immer wichtiger werdende Umweltstandards. Gerade für Umweltprobleme kommt das Konzept der externen Effekte zum Tragen. Wenn Emissionen Schäden verursachen, das ausstoßende Unternehmen diese Kosten aber nicht tragen muss, wird zu viel emittiert und es werden zu viele emissionsintensive Güter produziert und zu niedrigen Kosten angeboten. Der Wettbewerb kann dieses Problem nicht spontan lösen, also nicht aus sich heraus dafür sorgen, dass alle entstehenden Kosten auch berücksichtigt werden. Es bedarf gesetzter Regeln, um dies zu tun und um dann den Wettbewerb auch als Instrument zum Schutz der Umwelt einzusetzen. Emissionsbeschränkungen, über Steuern festgesetzte Preise für Emissionen oder auch handelbare Verschmutzungsrechte können entsprechende Regelsysteme sein. In unterschiedlichen Fällen werden unterschiedliche umweltpolitische Instrumente angewendet. Mal greift das Verbot, weil die Gefahren der Verschmutzung als sehr groß angesehen werden. Ein anderes Mal werden Preis- oder Mengeninstrumente, also Steuern oder der Emissionsrechtehandel eingesetzt, was zu einer effizienteren Verteilung der Emissionen und zu einem Emissionswettbewerb um besseren und günstigeren Umweltschutz beitragen soll.

Wichtig ist, dass im Wettbewerb gleiche Regeln für alle gelten sollen. Ansonsten gibt es ungerechtfertigte Vorteile des einen Wettbewerbers über den anderen. Verzerrter Wettbewerb führt aber auch zu verzerrten Ergebnissen. Wenn beispielsweise ein Unternehmen unbegrenzt Emissionen ausstoßen darf, während das für alle anderen verboten ist, würde die Produktion, die mit Emissionen verbunden ist, zu diesem privilegierten Unternehmen wandern. Ob das ansonsten effizient ist, oder ob andere viel besser und innovativer sind, würde dann unter den Tisch fallen. Der Wettbewerb zu Gunsten der Kunden wäre ausgeschaltet oder zumindest spürbar geschwächt. Um dies zu gewährleisten, gibt es zu grundlegenden Fragestellungen internationale Regelsysteme. Mindestarbeitsstandards gehören dazu, ebenso verschiedene umweltpolitische internationale Abkommen.

International können die Produktionsbedingungen aufgrund unterschiedlicher Regularien sehr unterschiedlich sein. Natürlich hat aber umgekehrt jedes Land unterschiedliche Traditionen, Ansprüche und Regeln. Auch das Wohlstandsniveau spielt hier eine Rolle. Sozial- und Umweltstandards sind in wohlhabenderen Ländern typischerweise höher, während in aufholenden Ländern andere Bedürfnisse noch wichtiger sind. Gerade, wenn mit diesen Regeln die Situation primär der eigenen Bevölkerung beeinflusst wird, muss auch jede Gesellschaft die Hoheit haben, selbst darüber zu entscheiden. Die Unterschiede führen zwar zu unterschiedlichen Vor- und Nachteilen für Unternehmen, die in den Ländern investieren und produzieren. Aber auch hier gilt Wettbewerb, nämlich Wettbewerb der Standorte. Investoren wägen Qualitäten und Kosten eines Standorts ab, bevor sie ihre Investitionsentscheidung treffen. Der Kostenvorteil nachholender Länder ist notwendig, um andere Qualitätsnachteile – beispielsweise in der Ausbildung oder der Infrastruktur – auszugleichen. Mit zunehmendem Wohlstand können dann auch höhere Standards verlangt werden.

Kritisch sind die Verzerrungen jedoch dann, wenn ein gemeinsames weltweites Ziel erreicht werden soll und damit die

Politik eines Landes Einfluss auf den Rest der Welt hat. Bestes Beispiel ist der Klimaschutz. Hier gibt es zwar ein internationales Ziel, nämlich die Begrenzung der Erderwärmung, aber kein einheitliches Anspruchsniveau. Das führt dazu, dass die Emission von einer Tonne CO_2 in einigen Regionen mit hohen und immer höheren Preisen versehen wird, während sie in vielen anderen Weltregionen weiter kostenlos möglich sind. Hier wird der Wettbewerb erheblich verzerrt, und zwar zu Gunsten der Länder, die sich weniger dem Klimaschutz verpflichtet sehen. Wenn dies zu einer Investitionsverlagerung hin zu Standorten mit niedrigeren Klimaschutzansprüchen führt, ist jedoch auch dem Klima nicht gedient. Eine Vereinbarung zur Einführung vergleichbarer Preisniveaus für Treibhausgasemissionen könnte dieses Problem mindern, bedarf jedoch großer Zugeständnisse eines großen Teils der Weltgemeinschaft. Ein Klub aus Ländern, in denen die wichtigsten Vertreter einer Branche sind, könnte zumindest für diese Branche Vorgaben machen und damit Klimaschutz nicht als Wettbewerbsnachteil wirken lassen. Im Gegenteil wäre effizienter Klimaschutz dann ein Vorteil für das jeweilige Unternehmen.

Wie aber funktioniert der Wettbewerb mit anderen Wirtschaftsordnungen, in denen nach grundlegend anderen Regeln gespielt wird? Wie kann mit starken Wettbewerbern umgegangen werden, die sich nicht am Leitbild des Wettbewerbs in einer Marktwirtschaft und einer freien Gesellschaft orientieren? Die Frage stellte sich zuletzt im Kalten Krieg, als westliche Marktwirtschaften den kommunistischen Planwirtschaften gegenüberstanden. Aber erstens waren die Planwirtschaften keine ernsthaften Konkurrenten, zu rückständig waren sie im Laufe der Jahrzehnte einer wettbewerbslosen Zeit geworden. Und außerdem gab es kaum Handel, schon gar keinen freien Handel zwischen den beiden Blöcken. Heute stehen wir mit China in einem neuen Systemwettbewerb. Der chinesische Staatskapitalis-

mus ist keine wettbewerbliche Marktwirtschaft. Staatliche
Planung und Entscheidung, umfassende offene und versteckte Subventionen sowie strategische staatlich gestützte
Investitionen spielen eine große und den Wettbewerb ver-
zerrende Rolle. Wie die westlichen Marktwirtschaften
damit umgehen können, ohne mit gleichen Maßnahmen
zu regieren und damit den Wettbewerb noch weiter zu beschränken, ist eine der großen Fragen der nächsten Jahre.
Als Wettbewerber ist China zu bedeutend geworden, um
diesen Systemwettbewerb als Wettbewerb der Regelsysteme
weiter zu ignorieren.

12

Wettbewerb bedeutet Freiheit

Freiheitliche Wirtschafts- und Gesellschaftsordnung

Am Ende steht immer meistens ein Fazit, eine Zusammenfassung oder ein Ergebnis. Wettbewerb kennt kein finales Ergebnis, schon allein, weil er nicht endet. Im Sport gibt es einen Sieger, am Ende des Fußball-WM-Turniers hält eine Mannschaft den Pokal in die Höhe und darf sich vier Jahre lang Weltmeister nennen. Die Endlichkeit eines Wettbewerbs ist Ergebnis der geplanten Veranstaltungen im jeweiligen Sport, der sportliche Wettbewerb selbst ist mit der Siegerehrung aber noch nicht zu Ende. Auch hier gilt: Nach dem Spiel ist vor dem Spiel. Wirtschaftlicher Wettbewerb kennt diese Konstruktion aus Einzelwettbewerben und Saisons in der Regel nicht. Hier gibt es zwar Jahresabschlüsse und Verkaufszahlen. Dies sind aber immer nur Zwischenergebnisse, einen finalen Sieger gibt es nicht. Man könnte höchstens von endgültigen Verlierern bei den Unternehmen sprechen, die aus dem Markt ausgeschieden sind.

© Der/die Autor(en), exklusiv lizenziert an Springer Fachmedien Wiesbaden GmbH, ein Teil von Springer Nature 2023
H. Bardt, *Wettbewerb!*, https://doi.org/10.1007/978-3-658-39731-9_12

Wettbewerb ist schon allein deshalb nicht endlich, weil immer neue Innovationen möglich sind. Damit gibt es auch immer wieder die Chance, etwas Neues zu machen oder Altes einfach besser zu machen. Fortschritt ist immer weiter möglich und darum ist Wettbewerb um die bessere Idee auch dauerhaft notwendig. Das Sprichwort „Das Bessere ist der Feind des Guten" gilt immer und macht deutlich, dass es niemals ein endgültiges, nicht zu verbesserndes Resultat des Wettbewerbs geben kann. Die Offenheit für Neues, das sich in wettbewerblichen Strukturen durchsetzen kann, ist eine Eigenschaft einer freiheitlichen Gesellschaft.

Natürlich bringt wirtschaftlicher Wettbewerb aber auch Ergebnisse, konkretere oder abstraktere. Auch hier kann das Wettbewerbsprinzip in konkrete Wettbewerbsveranstaltungen umgesetzt werden. Eine Ausschreibung ist genau so eine Veranstaltung. Mehrere Konkurrenten bemühen sich um einen Auftrag, den am Ende des Verfahrens nur ein Kandidat bekommen kann. Auch Fördergelder für die wissenschaftliche Forschung werden oft so vergeben. Ein konkretes Wettbewerbsergebnis wird gesucht, um kurzfristig den besten oder kostengünstigen Vorschlag zu bekommen und ihn dann umsetzen zu können. Aber auch die abstrakteren, grundsätzlicheren Ergebnisse von wirtschaftlichem Wettbewerb sollen nicht vergessen werden. Anbieter werden zu immer neuen Leistungen gezwungen, Innovationen werden belohnt und daher entwickelt, Kunden bekommen eine bessere Leistung zu niedrigeren Kosten, Ressourcen aller Art werden geschont, weil es sich im Wettbewerb lohnt, effizient mit ihnen umzugehen.

Das alles kommt nicht ohne Anstrengungen aus, ohne Regeln und ohne den Schutz des Wettbewerbsprinzips. Wettbewerb ist eine Zumutung für alle, die sich dadurch unter Druck gesetzt fühlen. Er kann auch destruktiv wirken, wenn notwendige Grenzen nicht gesetzt werden. Und er kann sich selbst zerstören oder von außen zerstört werden, wenn entsprechende Institutionen zur Sicherung des Wettbewerbs fehlen. All das zeigt: Wettbewerb ist kein staatenloses Konzept. Vielmehr braucht es einen starken Staat, der sich der Sicherung des Wettbewerbs verschreibt, der aber auch zurückhaltend genug ist, Wettbewerb zuzulassen und zu fördern. Zudem muss er die angemessenen Regeln setzen, die Fehlentwicklungen verhindern, aber Konkurrenz nicht unnötig erschweren. Eine wettbewerbliche Wirtschaftsordnung braucht einen starken, aber auch zurückhaltenden Staat. Darin liegt ein wesentlicher Unterschied der Sozialen Marktwirtschaft zu früheren liberalen Konzeptionen. Wettbewerb entsteht nicht im Nachtwächterstaat, zumindest hält er sich da nicht lange. Ein demokratischer, freiheitlich verfasster Staat muss die Freiheiten seiner Bürger schützen. Diese aktive Rolle gilt wirtschaftlich wie gesellschaftlich.

Wettbewerb basiert auf der Handlungsfreiheit von Menschen mit guten Ideen, die das Leben für andere auf direktem oder indirektem Wege besser machen und gleichzeitig ihrem eigenen Interesse folgen. Gestaltungsmöglichkeiten, die Chance etwas Bleibendes zu schaffen oder auch rein materielle Gewinninteressen können dabei vorherrschen. Allen Motiven ist gemein, dass die individuellen Ziele nur erreicht werden können, wenn man im Wettbewerb bessere, günstigere oder innovativere Lösungen anbieten kann. Ohne Handlungsfreiheit kann es keinen wohlstandsstiftenden Wettbewerb geben. Dazu gehört Wahlfreiheit für Unternehmen, Konsumenten und Arbeitnehmer. Die Freiheitsrechte müssen für alle Beteiligte gelten. Wenn Unternehmen in enge rechtliche Korsetts gezwängt sind, wird der Innovationswettbewerb behindert. Wenn Konsumenten nicht auswählen dürfen, können sie sich auch nicht für das fortschrittlichste und zu ihren Bedürfnissen am besten passende Angebot entscheiden. Auch Arbeitnehmer müssen Wahlfreiheit haben und dürfen nicht dauerhaft an einen Arbeitgeber gebunden sein. Wettbewerbsrecht, Verbraucherschutz und Arbeitsschutzgesetze sollen dazu beitragen, ungleiche Ausgangsbedingungen zumindest teilweise auszugleichen.

Die Handlungsfreiheiten selbst können natürlich nur so lange gelten, wie es nicht zu klaren Freiheitsgefährdungen für andere kommt. Wenn Konsumenten betrogen werden, kann das nicht durch einen freien Wettbewerb rechtfertigt werden. Zwar kann Betrug auffliegen, öffentlich gemacht werden und der Betrüger daraufhin aufgrund seiner schlechten Reputation aus dem Markt verdrängt werden. Dieser wettbewerbliche Prozess ist aber vergleichsweise langwierig, indirekt und unsicher. Kurzfristig muss der Rechtstaat greifen. Verbraucher sind typischerweise schlechter informiert als Produzenten. Sie kennen das Produkt nicht im Detail, während der Produzent es entwickelt, hergestellt und ausführlich getestet hat. Damit kennt er die Stärken und Schwächen genau, kann die Haltbarkeit abschätzen und es mit Konkurrenzprodukten vergleichen. Und er konzentriert sich mit der Zeit und der Intelligenz vieler Menschen auf ein Produkt, während der Verbraucher eine Vielzahl von Produkten mit eingeschränkten Möglichkeiten überblicken muss. Als Konsument kauft man insbesondere bei komplexeren Produkten immer mit sehr unvollständigen Informationen. Instrumente wie Testberichte, Vergleichsportale oder Bewertungssysteme können helfen, die Ungleichheit des Informationsstandes zu verringern. Aber auch wenn die Wettbewerbsgleichheit damit verbessert wird, kann es immer wieder zu schlechten Angeboten oder Betrug kommen. Diese klaren Freiheitseinschränkungen werden geahndet, ebenso wie die Behinderung des Wettbewerbs durch Kartellbildung hart bestraft wird.

Funktionierender Wettbewerb ist auch deshalb ein freiheitstärkender Mechanismus, weil er viele Sieger kennt. Im Fußball gewinnt zwar nur eine Mannschaft das Turnier, aber im wirtschaftlichen Wettbewerb können viele profitieren. Mehrere Unternehmen können gute Angebote machen und dadurch Gewinne verzeichnen. Die Mitarbeiter sind durch sichere und gut bezahlte Arbeitsplätze beteiligt, die Anteilseigner durch Gewinnausschüttungen oder Kurssteigerungen. Vor allem aber profitieren die Kunden durch bessere Angebote. Wettbewerb ist kein Nullsummenspiel. Nur weil einer besser wird, werden die anderen noch nicht schlechter. Sie haben vielmehr einen Anreiz, ebenfalls besser zu werden. Am Ende profitieren alle, weil mehr, bessere, günstigere und innovativere Güter hergestellt werden können, die dazu beitragen, die Bedürfnisse der Menschen zu befriedigen. Auch wenn der Kampf um Marktanteile wie ein reiner Verteilungskonflikt aussieht, führt Wettbewerb dazu, dass der zu verteilende Markt größer wird und insofern Wachstum für viele möglich wird. Unter dem Strich steht mehr Wohlstand. Und wenn es mehr gibt, kann auch mehr verteilt werden. In einer wohlhabenden Gesellschaft können die ärmeren oder benachteiligten Teile der Bevölkerung viel besser unterstützt werden als in einer wirtschaftlich Zurückgebliebenen. Ludwig Erhard prägte die Formel „Wohlstand für alle". Genau das ist das Ergebnis des Wettbewerbs in der Sozialen Marktwirtschaft.

Wettbewerb kennt viele Sieger und ermöglicht es jedem, seine Chance zu suchen. Freiräume und Gestaltungsmöglichkeiten können genutzt, Talente können eingesetzt werden, wenn eine wettbewerbliche Ordnung die Freiheit gibt, dies nach eigener Vorstellung zu tun. Wenn in einer Planwirtschaft der Staat weitgehend darüber entschieden hat, welchen Lebens- und Berufsweg man einzuschlagen hat, wenn kein Kapital angespart und als Grundstock für eine

Unternehmensgründung verwendet werden konnte und wenn solche Gründungen gar nicht möglich waren, weil Wettbewerb nicht vorgesehen war, dann war das nicht nur eine Begrenzung wirtschaftlicher Handlungsmöglichkeiten, sondern ganz fundamentale Freiheitseinschränkungen. Natürlich gibt es viele Wege, ein gutes und glückliches Leben zu führen. Aber die Chance auf Selbstbestimmung im Wettbewerb, die Möglichkeit zur Einbringung und Verwirkung eigener neuer Ideen ist eine besondere Möglichkeit, sein Glück zu machen. Oder, prosaischer formuliert: Wettbewerb bietet immer neue Teilhabemöglichkeiten. Überall finden sich Nischen und Möglichkeiten, bei denen man sich mit guten Ideen einbringen kann. Wettbewerb ist gelebte Teilhabe. Und gleichzeitig schafft Wettbewerb den Wohlstand, mit dem Teilhabe für weite Teile der Bevölkerung ermöglicht werden kann.

Diktaturen instrumentalisieren Wettbewerbsprozesse

In Gesellschaften, deren politische Ordnung persönliche Freiheit, Selbstbestimmung und Demokratie nicht in den Mittelpunkt stellen, spielt auch der Wettbewerb keine wesentliche Rolle. Absolutistische Herrscher vergaben Monopole für Produktion und Handel. Sie waren an mächtigen Positionen im Handel interessiert, um möglichst viel Gold ins Land zu holen, was irrigerweise für eine Quelle des Wohlstands gehalten wurde. Wettbewerb war nicht im Sinne der Herrscher; er hätte auch eine Teilung von wirtschaftlicher Macht bedeutet. Auch die Zeit des Kolonialismus ist keine Zeit des Wettbewerbs gewesen. Zwar gab es den Wettlauf um die Kolonien, einzelne Kolonialisten vertrieben ihre Vorgänger oder standen in Konkurrenz. Wirtschaftlich war es aber ein System der Monopole. Handelsmonopole wurden vergeben, die Kolonien entwickelten sich oft aus Handelsgesellschaften und gingen dann in faktische oder formale staatliche Obhut über. Erst mit der Unabhängigkeit der ehemaligen Kolonien eröffnete sich die Chance für eine Teilnahme am internationalen wirtschaftlichen Wettbewerb, wenn auch mit denkbar schlechteren Startvoraussetzungen.

Die beiden totalitären Regimetypen des 20. Jahrhunderts waren ebenfalls nicht nur absolut unfreiheitlich, sondern hatten auch mit Wettbewerb wenig zu tun. Wettbewerb bedeutet, dass Menschen initiativ werden können, neues ausprobieren und bestehende Strukturen hinterfragen können. All dies ist in totalitären Diktaturen unmöglich. Im Kommunismus wurden Unternehmen kollektiviert, also das Privateigentum an Unternehmen abgeschafft. Dies ist gleichbedeutend damit, dass das Recht, über den Kurs eines Unternehmens zu bestimmen und es zu verändern, nicht mehr bei Privatpersonen lag, sondern beim Staat und seiner Bürokratie. Zwar wurde versucht, mit bestimmten Symbolen Wettbewerb zu simulieren – beispielsweise über Auszeichnungen für besondere Leistungen – aber letztlich ging es um die Erfüllung eines zentral gemachten Plans. Gleichzeitig wurde versucht, die Planziele nicht zu anspruchsvoll werden zu lassen. Statt eines Anreizes, durch Effizienzfortschritte und Innovation besser zu werden, gab es eine Tendenz zu weichen Plänen. Kreativität fand sich in der Verwaltung des Mangels und der Kunst der Interpretation. Die verbreitete Simulation von Wettbewerben der äußeren Form nach konnte aber nicht die Idee des Wettbewerbs, der auf Eigeninitiative und den Drang zur Neuerung setzt, nicht ersetzen. Etwas Neues zu machen, das nicht vorher zentral geplant war, war nicht vorgesehen. Die Innovationsschwäche und die Ressourcenverschwendung der Planwirtschaften trugen mit zu ihrem Scheitern und ihrem Untergang bei. Das

Fehlen von Wettbewerb, das inhärent mit kommunistischen Planwirtschaften verbunden ist, machte einen Erfolg dieser Wirtschafts- und Gesellschaftsordnung unmöglich.

Auch die andere Diktatur des letzten Jahrhunderts stand gegen den Wettbewerb. Im Faschismus wurden Institutionen aller Art gleichgeschaltet, ein Nebeneinander verschiedener Organisationen war unmöglich. Damit wurden auch Eigenheiten und besondere Wege, die die gleichgeschalteten Gruppen zuvor unterschieden haben, eingeebnet. Zudem war mit dem Führerprinzip eine unbedingte Pflicht zum Gehorsam verbreitet. Beides, uniforme Gleichheit und umfassende Gehorsamspflicht sind mit Wettbewerbsansätzen unvereinbar. Wettbewerb kann es nur geben, wenn Unterschiede bestehen. Wenn alles gleich ist und keine neuen Unterschiede hergestellt werden können, gibt es auch keinen Wettbewerb mehr. Wie kann ein Problem besser und auf neuem Wege gelöst werden, wenn keine Differenzierungsmöglichkeiten bestehen? Gleiches gilt für den Gehorsam. Wenn nur gemacht wird, was von oben befohlen wird, gibt es keine neuen Initiativen von unten. Natürlich kann das, was befohlen wird, immer noch besser gemacht werden. Auch die Wirtschaft war im Faschismus gleichgeschaltet. In Deutschland wurden Zwangskartelle gebildet, beispielsweise wurden die Chemieunternehmen als IG Farben zusammengeschlossen. Die Unternehmen waren formal in privatem Eigentum, standen aber faktisch unter staatlichem Befehl. Während des Krieges wurde dies noch ausgeprägter, als in der Kriegswirtschaft Rüstungsgüter und andere kriegswichtige Produkte notwendig wurden und entsprechende Produkte hergestellt werden mussten. Die Abschottung nach Außen und die Idee einer autarken, also von äußeren Einflüssen unabhängigen Wirtschaft, schlossen auch den internationalen Wettbewerb weitgehend aus und schwächten damit die Konkurrenzfähigkeit der Unternehmen.

China hat versucht, aus den Schwächen der kommunistischen Länder unter Führung der Sowjetunion, aber auch den eigenen ökonomischen Experimenten mit katastrophalen Konsequenzen unter Mao Tsedong zu lernen. Gleichzeitig sollte verhindert werden, was die Sowjetunion zum Scheitern brachte und die friedliche Revolution in Mittel- und Osteuropa möglich machte: die wirtschaftliche Schwäche der Planwirtschaften bis hin zu ihrem Zusammenbruch. Während die Planwirtschaft zuvor einherging mit der strikten kommunistischen Diktatur, sollte nun versucht werden, mit marktwirtschaftlichen Instrumenten zur Stabilisierung der Parteidiktatur beizutragen. Die Zulassung von privaten Unternehmen und die Nutzung des Wettbewerbs auch zwischen aufgespaltenen Staatsunternehmen war kein Ausdruck einer Abkehr der Unterdrückung und der Steuerung der Gesellschaft durch Pateikader. Die marktwirtschaftliche Öffnung war vor allem nicht Teil einer Demokratisierung des Landes, wie es in den ehemals sozialistischen Staaten Europas der Fall gewesen war. Wettbewerb sollte rein instrumentell eingesetzt werden, die Verbindung von Wettbewerb mit privater Eigeninitiative und Nutzung umfassend verstandener individueller Freiheiten sollte gekappt werden. Wettbewerb sollte den Sozialismus effizienter und wirtschaftlich leistungsfähiger machen, So wurden staatliche Konglomerate aufgespalten und in den Wettbewerb zueinander gestellt. Auch wurden in unterschiedlichen Bereichen private Gründungen zugelassen, um zusätzliche wirtschaftliche Dynamik zu erzeugen. Dass dies zu exorbitantem Reichtum für einig Bürger führte, ist für ein kommunistisches Land, dessen Ideologie eigentlich den Gleichheitsgrundsatz besonders betont, mehr als erstaunlich.

Der Wettbewerb in China hat aber auch klare Grenzen. So ist die Kommunistische Partei eng mit den Unternehmen verwoben. Dies gilt insbesondere für die Staatsbetriebe, aber auch Privatunternehmen können wichtige

Entscheidungen nicht ohne Unterstützung der Partei fällen. In den letzten Jahren ist der Einfluss der Partei wieder
größer geworden. Branchen und Technologien sind eng in
die geopolitischen Strategien eingeplant, Investitionen werden sehr bewusst strategisch gesetzt und nicht einfach dem
Wettbewerb und der Findigkeit der Bürger überlassen.
Grenzen sind auch da, wo Erfolg zu Unabhängigkeit zu
führen droht. Wirtschaftlicher Erfolg wird zugelassen und
darf auch zur Schau gestellt werden. Aber wirtschaftliche
Macht darf nicht mit der Erlaubnis zur öffentlichen abweichenden Meinung oder gar direkter Kritik verstanden
werden. Die Gefahr, dass aus wirtschaftlicher Macht politischer Einfluss werden kann, wird offenbar genau gesehen
und mit harten Maßnahmen unterdrückt. Wettbewerb
wird in China als kontrolliertes Instrument zugelassen, wer
als Privatperson und Unternehmer dabei zu erfolgreich ist,
darf nicht den Anschein erwecken, den Führungsanspruch
der kommunistischen Partei infrage stellen zu wollen. Wettbewerb bedeutet hier noch lange keine Freiheit, beispielsweise Meinungsfreiheit und demokratische Mitwirkungs-
rechte, sondern ist ein Werkzeug zur effizienten Absicherung
der systematischen Unterdrückung. Der Wohlstand, der
durch Wettbewerb erzeugt wird, soll satt machen, soziale
Probleme lindern und Forderungen nach einer gesellschaftlichen und politischen Liberalisierung verhindern.

Chinas Eintritt in den internationalen Wettbewerb nach
der partiellen Wirtschaftlichen Öffnung der letzten Jahrzehnte hatte erhebliche Konsequenzen für die Weltwirtschaft. Für lange Jahre war das Land mit über einer
Milliarde Einwohnern, wachsendem Wohlstand und wach-
sender Kaufkraft ein riesiger Markt voller Möglichkeiten.
Konsumenten waren interessiert an westlichen Produkten,
die in China nicht oder nicht in gleicher Qualität produziert werden konnten. Die zunehmende Industrialisierung

des Landes sorgte für eine steigende Weltnachfrage für Investitionsgüter. Gleichzeitig war China ein günstiger und aufstrebender Produktionsstandort. Sowohl Produktion für den Absatz in China selbst wurde aufgebaut als auch für den Export. China ist ein wichtiger Standort für die Produktion von Vorleistungsgütern geworden. Beispielsweise werden Apple-Smartphones von chinesischen Zulieferern produziert. Inzwischen ist China nicht nur ein Marktplatz und Produktionsstandort, sondern auch ein wichtiger Wettbewerber für westliche Unternehmen geworden. Damit verbunden ist höherer Druck auf etablierte Unternehmen und Sorgen in den wohlhabenden Ländern vor der neuen Konkurrenz. Wenn es einem Land besser geht, muss es den anderen aber nicht zwangsläufig schlechter gehen. Der Aufstieg der japanischen Industrie in den achtziger Jahren hat ebenfalls Sorgen und Ängste hervorgerufen, aber nicht zum Abstieg der USA und Europas geführt.

Kritisch ist der Einstieg Chinas in den Wettbewerb aus drei Gründen. Erstens verzerrt Chinas Staatskapitalismus den Wettbewerb, zweitens sind Abhängigkeiten von politischen Entscheidungen entstanden und drittens stärkt die wirtschaftliche Stärke Chinas die Macht einer kommunistischen Diktatur. China verzerrt den internationalen Wettbewerb durch massive Staatseinflüsse. Hierzu zählen massive Subventionen auf den Gütermärkten, aber auch zur Finanzierung von Investitionen. Mit dem starken Einfluss von Staat und Partei auf die Wirtschaft überschneiden sich politisches und wirtschaftliches Handeln. Ein politisch getriebenes Unternehmen verhält sich aber nicht so, wie es im Wettbewerb frei agierender Unternehmen passend wäre, sondern kann den Wettbewerb ignorieren und politisch getrieben verzerren. Mit der großen Bedeutung Chinas als Absatzmarkt und Investitionsstandort stehen auch westliche Unternehmen zunehmend in der Gefahr, von poli tisch motivierten Entscheidungen betroffen zu sein, die kaum kalkulierbar sind. Aus politischen Gründen können Unternehmen zu Investitionen gedrängt oder ihrer wirtschaftlichen Grundlage in China beraubt werden. Und selbst die wirtschaftliche Stärke Chinas selbst kann als Problem angesehen werden. Anders als beim Aufstieg Japans, steht der wirtschaftliche Wohlstand Chinas im Dienst einer Diktatur, stärkt diese im Inneren und verleiht ihr Macht und Einfluss nach außen – und ist insofern eher eine Bedrohung als eine Stärkung der Freiheit.

Im Wettbewerb der Systeme

Der Wettbewerb der Systeme ist auch ein Wettbewerb um die Freiheit. Während Diktatoren wirtschaftliche Macht nutzen wollen, um ihre Herrschaft zu sichern und internationale Einflussmöglichkeiten auszubauen, wollen freiheitliche, demokratische und marktwirtschaftliche Systeme die Freiheit ihrer Bürger schützen und den Wohlstand zu Gunsten der Menschen mehren. Autoritäre Systeme nutzen Wettbewerb als Instrument, marktwirtschaftliche Demokratien profitieren vom Wettbewerb als Ausdruck von Freiheit und Autonomie.

Wirtschaftlicher Wohlstand hat in diesem Wettbewerb eine wichtige Bedeutung. Nicht nur ist China im Inneren stabilisiert und die Parteiführung gegen Kritik geschützt, solange es der eigenen Bevölkerung immer besser geht. Schon von daher ist Wachstum für China so bedeutsam. Zunehmender Wohlstand ermöglicht es aber auch, internationalen Einfluss auszuüben, die eigenen Werte zu verbreiten und weitere Entwicklungschancen zu sichern. China hat mit umfassenden Investitionen in Afrika eine erweiterte Rohstoffbasis geschaffen. Investitionen in europäischen Ländern haben politisches

Wohlwollen erkauft. Die schiere Größe des Landes macht es schwierig, es wirtschaftlich zu ignorieren. Diese Position der Stärke und der wirtschaftlichen Dominanz in der Region beschränkt auch die Optionen kleinerer Länder, politische Konflikte mit China einzugehen und sich durchzusetzen. Und wer ist schon größer als China? Und mit dem besonderen chinesischen Know-How in modernster Überwachungstechnik – von der umfassenden optischen, akustischen und datenbezogenen Überwachung des öffentlichen und halb-öffentlichen Raums über die Gesichtserkennung, Künstliche Intelligenz und Internetkontrolle bis hin zum Social Scoring zur Bewertung und Sanktionierung der Bürger bietet China alles an, was zur technologischen Absicherung einer Diktatur und zur Unterdrückung der Bevölkerung vorhanden ist. Allein diese Möglichkeiten haben das Potenzial, viele autoritäre Regimes in der Welt zu stabilisieren, sie an China zu binden und die Freiheit zu schwächen. Der Systemwettbewerb ist nicht nur ein wirtschaftlicher, es geht vielmehr um Unterdrückung oder freiheitliche Ordnungen.

Die technologischen Stärken und die zunehmende Marktmacht ermöglichen es zudem, vermehrt internationale Standards zu setzen, die zwar nicht rechtlich, aber doch faktisch für alle anderen Marktteilnehmer verbindlich sind. Das mag sich nach einer Sammlung technischer Details anhören, aber auch darin verstecken sich Wertvorstellungen, beispielsweise hinsichtlich der Datennutzung. Zudem sichert sich der Standardsetzer einen Wettbewerbsvorteil. Schließlich wird er die Standards vor allem auf seine Bedürfnisse und seine Stärken hin zuschneiden. Damit wird China immer mehr zum Regelsetzer in der Weltwirtschaft. Schon heute spielt das Land mit seinem Staatskapitalismus aber nach eigenen Regeln – Subventionen, staatliche Investitionsplanung und die starken Einflüsse der Partei können Wettbewerbsverzerrungen darstellen, die beispielsweise innerhalb Europas niemals geduldet würden. Die Idee vom freien, unverfälschten Wettbewerb, die – bei allen realen Einschränkungen – der marktbasierten Weltwirtschaft zugrunde liegt, wird von China nicht verfolgt. Die westlichen Länder reagieren mit Mitteln der Handelspolitik und der Investitionskontrolle. Sie müssen den Wettbewerb schützen, ohne mit gleichen Mitteln zu reagieren. Dies würde die wettbewerbsbasierte Ordnung in westlichen Demokratien mindestens ebenso bedrohen, wie die chinesische Konkurrenz.

Wettbewerbsstärke bedeutet Einfluss. Wenn freiheitliche Werte gesichert und verbreitet werden sollen, dann müssen westliche Marktwirtschaften stark bleiben. Wohlstand ist eine Basis für die Soft Power von Staaten. Und manchmal müssen sich wirtschaftliche Tätigkeiten der Außenpolitik unterordnen. Dies ist bei den Sanktionen nach dem russischen Überfall auf die Ukraine wieder deutlich geworden. Auch hierüber wird Einfluss möglich gemacht – ohne dass die Wirtschaft zum politischen Instrument degradiert werden sollte. Auch darf der globale Handel und die internationale Arbeitsteilung nicht per se infrage gestellt werden. Schließlich sind sie wesentliche Grundlagen unseres Wohlstands aber auch ein zentrales Element der Verbreitung westlicher Standards, internationalen Einflusses und freiheitlicher Werte Der Wettbewerb im Inneren und die Wettbewerbsfähigkeit nach außen sind wesentliche Stärken im Systemwettbewerb zwischen marktwirtschaftlichen Demokratien und autoritären Regimen.

Im Systemwettbewerb sind verschiedene Ebenen relevant. Die politische, technologische, kulturelle, wirtschaftliche und ideelle. Nach dem Zusammenbruch der kommunistischen Planwirtschaften in Europa gab es Begeisterung für den Westen. Ein guter Teil davon war sicherlich materiell – das überlegene Wohlstandsmodell hatte sich durchgesetzt. Aber es ging auch um Freiheiten, am populärsten sicher die Reisefreiheit. Der Wettbewerb hat zwar den Wohlstand ermöglicht, aber auch viele Härten hinterlassen, indem er den schlechten Zustand der zusammengebrochenen Volkswirtschaften offengelegt hatte. Vieles ist in den letzten Jahrzehnten zur Selbstverständlichkeit geworden, Wohlstand ebenso wie persönliche Freiheiten. Die aktuellen globalen Konflikte fordern die westlichen Demokratien und ihre Wirtschaftsordnungen neu heraus. Bei all den Unterschieden im Detail sind diese Länder sich aber sehr viel ähnlicher als autoritäre Herrschaftssysteme. Umso wichtiger ist der Schulterschluss des Westens – als Wertegemeinschaft Europas, Nordamerikas, Ozeaniens, Japans und andere Länder. Im neuen Systemkonflikt braucht es eine neue Begeisterung für das westliche Modell der Freiheit mit Demokratie, Marktwirtschaft und Wettbewerb.

Weiterführende Literatur

Acemoglu, Daron/Robinson, James A. (2014), Warum Nationen scheitern: Die Ursprünge von Macht, Wohlstand und Armut, Frankfurt

Bardt, Hubertus (2003), Arbeit versus Kapital – Zum Wandel eines klassischen Konflikts, Oldenbourg

Erhard, Ludwig (1957/2020), Wohlstand für Alle, Berlin

Eucken, Walter (1952/2004), Grundsätze der Wirtschaftspolitik, Hrsg. von Edith Eucken und Karl Paul Hensel, Stuttgart

Eucken, Walter (1939/2021), Die Grundlagen der Nationalökonomie, Norderstedt

Giersch, Herbert (2020), Allgemeine Wirtschaftspolitik: Konjunktur- und Wachstumspolitik in der offenen Wirtschaft, Wiesbaden

Hamilton, Clive/Ohlberg, Mareike (2022), Die lautlose Eroberung: Wie China westliche Demokratien unterwandert und die Welt neu ordnet, München

Haucap, Justus (2018), Macht, Markt und Wettbewerb: Was steuert die Datenökonomie?, Berlin

© Der/die Herausgeber bzw. der/die Autor(en), exklusiv lizenziert an Springer Fachmedien Wiesbaden GmbH, ein Teil von Springer Nature 2023
H. Bardt, *Wettbewerb!*, https://doi.org/10.1007/978-3-658-39731-9

Hesse, Martin/Hage, Simon (2022), Aufholjagd: Der Kampf um Kunden, Ideen, Innovationen – Wie die deutschen Autobauer zurück an die Weltspitze wollen, München

Horn, Karen (2010), Die soziale Marktwirtschaft: Alles, was Sie über den Neoliberalismus wissen sollten, Frankfurt

Hüther, Michael (2022), Welche Zukunft hat die soziale Marktwirtschaft?, Freiburg

Hüther, Michael/Diermeier, Matthias/Goecke, Henry (2018), Die erschöpfte Globalisierung: Zwischen transatlantischer Orientierung und chinesischem Weg, Heidelberg

Rodrik, Dani (2020), Das Globalisierungs-Paradoxon: Die Demokratie und die Zukunft der Weltwirtschaft, München

Schüller, Alfred/Krüsselberg, Hans-Günter (2002), Grundbegriffe zur Ordnungstheorie und Politischen Ökonomik, Marburg

Schumpeter, Joseph A. (1942/2020), Kapitalismus, Sozialismus und Demokratie, Stuttgart

Wambach, Achim (2022), Klima muss sich lohnen: Ökonomische Vernunft für ein gutes Gewissen, Freiburg

Weißer, Ulfried (2017), Erfolgsmodell Soziale Marktwirtschaft: Das System, die Akteure und ihre Interessen verstehen, Berlin

Wentzel, Bettina/Wentzel Dirk (2000), Wirtschaftlicher Systemvergleich Deutschland/USA, Stuttgart

Printed in the United States
by Baker & Taylor Publisher Services